KLEINE AUSZEITEN IN DER -PFALZ-

AF511182

KLEINE AUSZEITEN IN DER

-PFALZ-

MARION LANDWEHR

WOCHENEND & WOHNMOBIL

CAMPING- & STELLPLÄTZE · HIGHLIGHTS · AKTIVITÄTEN

BRUCKMANN

INHALT

Um das Thema Wein in allen Variationen kommt man nicht herum ...

EINE REGION ZUM VERLIEBEN!

Die Pfalz bietet eine Fülle von Aktivitäten

◀ Wanderer fühlen sich wie im Paradies! ▲ Aber auch Radler kommen auf ihre Kosten. ▼ Dank dem milden Klima gedeihen die besten Rebsorten.

Sie ist ein Wanderparadies, eine landschaftliche Naturgewalt und eine höchst gastfreundliche Region - die Pfalz, im Süden des Bundeslandes Rheinland-Pfalz gelegen. Sie ist charmant, abwechslungsreich und einfach überwältigend schön! Und da es Klima und Wetter zudem noch ausgesprochen gut meinen, ist eine Fahrt in die Pfalz für Wohnmobilreisende eine wahre Freude.

DIE REGION

Wenn von der Pfalz die Rede ist, ist damit nicht das gesamt Bundesland Rheinland-Pfalz gemeint. Die Pfalz ist grob skizziert die Region zwischen den Rheinauen an der Grenze zu Baden-Württemberg und den Gipfeln des Pfälzer Berglands im Nordwesten. Im Westen rahmt das Nachbarland Frankreich die Pfalz ein, im Osten fließt der Rhein als natürliche Begrenzung der Region. Mit einer Höhe von 687 Metern ist der Donnersberg inmitten des Pfälzer Berglandes die höchste Erhebung der Pfalz, dicht gefolgt vom Gipfel der Kalmit an der Südlichen Weinstraße mit 673 Metern Höhe.

WALD, BURGEN UND FELSEN

Herzstück der Pfalz ist der Pfälzerwald, welcher als Naturpark und Biosphärenreservat anerkannt ist. Die Mittelgebirgslandschaft zeichnet sich durch Mischwälder, sonnige Wiesentäler und vor allem jede Menge Felsentürme und Burgruinen aus. Der Pfälzerwald ist das größte zusammenhängende Waldgebiet Deutschlands und bedeckt gut ein Drittel der Fläche der Pfalz. Seit 1992 von der UNESCO als Biosphärenreservat anerkannt, geht es in die Vogesen über, die sich südlich der deutsch-französischen Grenze an das Gebiet anschließen und bildet mit diesem das grenzüberschreitende UNESCO Biosphärenreservat Pfälzerwald-Nordvogesen.
Besucher finden hier vor allem ein einzigartiges Wandergebiet. Auf etwa 7 000 Kilometern markierter Wanderwege kann man sich austoben, darunter etliche klassische Highlights wie der Dahner Felsenpfad (siehe Ziel 4) oder die 4-Burgen-Tour bei Nothweiler (siehe Ziel 5), die zwischen Deutschland und Frankreich hin- und herpendelt. Unzählige vom Pfälzerwaldverein bewirtschaftete Hütten laden auf den Wegen zur Einkehr ein und bereichern die Wanderungen. Auch Fahrrad-Enthusiasten kommen auf ihre Kosten, beispielsweise auf dem Queichtal-Radweg durch die Süd-

westpfalz (siehe Ziel 4) oder im Mountainbikepark Pfälzerwald mit einem Streckennetz von 20 Touren (siehe Ziel 10).

LIEBLICHE WEINSTRASSE

Das zweite Highlight der Pfalz ist die Deutsche Weinstraße. Es ist ein Vergnügen, mit dem Wohnmobil komplett entschleunigt von Weinort zu Weinort auf der schnuckeligen kleinen Straße zu tuckern, die herrlichen Fachwerkhäuser zu bestaunen, sich über die riesige Zahl an Weingütern zu wundern, an üppigen Weinbergen und Obstplantagen und sanften Hügeln vorbeizufahren und hier und da eine Burg über der Szenerie wachen zu sehen. Die Weinberglandschaft ist eine liebliche Region und dank ihres südländischen Klimas gedeihen hier die besten Pfälzer Weine. Es ist die erste Weintouristikroute; sie startet in Schweigen an der französischen Grenze als Südliche Weinstraße (siehe Ziel 3) und führt auf einer Länge von 85 Kilometern Richtung Norden bis nach Bockenheim bei Worms. Dabei verbindet sich die Rebenlandschaft harmonisch mit Burgen und Schlössern.

WEINLAND PFALZ

Was die Landschaft an der Weinstraße selbstredend besonders prägt, ist der Wein. Ungefähr jede dritte Flasche Wein in deutschen Supermärkten stammt aus der Pfalz. Das Weinspektrum ist groß, aber bei fast 2 000 Sonnenstunden im Jahr ist das auch kein Wunder – reife, füllige und elegante Weine gedeihen an den Hängen der Pfalz. Die bekannteste Rebsorte der Region ist der Riesling, diesen gibt es in vielerlei Geschmacksvariationen. An der Südlichen Weinstraße dominieren die Burgundersorten Weiß-, Grau und Spätburgunder.

So viel Wein will gefeiert werden und das tun die Pfälzer ausgiebig. Kleine und große Weinfeste überzeugen die Besucher von der besonderen Qualität der Weine. Im Internet findet man ganze Weinfestkalender, gespickt mit Terminen dieser ganz besonderen Feste über die gesamte Pfalz verteilt. Das geht im zeitigen Frühjahr los und zieht sich das ganze Jahr hindurch bis in den Herbst – mancherorts gibt es auch stimmungsvolle Winterfeste im Advent. Viele Feste bieten neben Wein und Essen auch durch ihr Setting etwas Besonderes. Beispielsweise das Stadtmauerfest in Freinsheim oder das Fest in Mühlhofen bei Billigheim-Ingenheim, bei

Die Weinstraße ist durchweg gut ausgeschildert.

dem in den verschiedenen schmucken Winzerhöfen gefeiert wird (Ende Juli). Besonders stimmungsvoll ist auch das Ilbesheimer Kalmitfest – hier bauen die Weingüter an der Kleinen Kalmit mitten im Weinberg ihre Stände auf und bieten ihre Weine und kreative Pfälzer Gerichte an – garniert mit einem tollen Ausblick auf Ilbesheim! (Siehe auch Ziel 1).
Zwei Dinge sind für Besucher der Pfalz in Sachen Wein überlebenswichtig zu wissen: Es wird zwingend Weinschorle getrunken und zwar aus dem »Dubbeglas«. Die Schorle heißt auch nicht Schorle, sondern »Schoppe« und besteht zu einem ansehnlichen Teil aus Wein und nur einer geringen Beimengung Mineralwasser. Der Pfälzer begründet das gerne damit, dass das Wasser in der Pfalz zu teuer sei, um es verschwenderisch in eine Weinschorle zu kippen … Das typische Glas ist ein 0,5-Liter-Trinkglas mit runden Vertiefungen in der Außenseite des Glases (»Dubbe« ist Pfälzisch für Tupfen). Bestellt man in der Gastronomie ein »Dubbeschoppe«, outet man sich sicherlich nicht als Auswärtiger …

Hofläden, Obst- und Gemüsestände bieten frische Erzeugnisse.

PFÄLZER SPEZIALITÄTEN

Zu so viel vorzüglichem Wein gehört auch ein gutes Essen. Die Pfalz bringt so manche kulinarische Köstlichkeit auf den Tisch, viele typische und weithin bekannte Gerichte gibt es nur hier. Der verstorbene Altkanzler Helmut Kohl machte beispielsweise den Pfälzer Saumagen berühmt – es war sein Leibgericht, so hieß es zumindest. Das Pfälzer Nationalgericht besteht aus einer Mischung aus magerem Schweinefleisch, Bratwurstbrät, Kartoffeln und Zwiebeln – alles zusammen kommt in einen gereinigten Schweinemagen, dieser wird zugebunden und siedet anschließend zwei bis drei Stunden in Salzwasser. Gereicht wird der Saumagen meist mit Sauerkraut.

Hier wird schon klar: Die Pfälzer Küche zeichnet sich durch deftiges Essen aus. Der »Schiefe Sack« oder der »Pfälzer Teller« beispielsweise stehen oft auf der Speisekarte von Hütten und Weinstuben. Bei beidem handelt es sich um Kombinationen aus einer Bratwurst, einem Leberknödel mit Kraut und Brot, zusätzlich kommt auf den Pfälzer Teller noch eine Scheibe angebratener Saumagen. Auch Leberknödel ist eine deftige Pfälzer Spezialität, bestehend aus kleingeschnittener Rindsleber, jeder Menge Gewürze, Ei und Semmelbrösel. Im Herbst ist der Zwiebelkuchen mit neuem Wein der Klassiker (und wird als »Zwiwwlkuche un neier Woi« angeboten). Soll es fleischlos sein, dann sind Dampfnudeln mit Kartoffelsuppe ein Pfälzer Hauptgericht. Variiert werden kann das, indem man als Beilage statt Kartoffelsuppe Weinsauce, Vanillesauce oder Eingekochtes (Zwetschgen oder Birnen) reicht. Zwetschgen haben ihre Hauptsaison im Herbst, da gibt es dann Zwetschgenkuchen mit Kartoffelsuppe (»Quetschekuche unn Grumbeersupp«). Ebenfalls vegetarisch sind Pellkartoffeln mit Quark. Nun war oft die Rede von Kartoffelsuppe – die Pfalz ist mit Kartoffeln ebenso gesegnet wie mit Rettich, Radieschen, Spargel und Kürbissen. Darüber hinaus zählen Kastanien (Pfälzisch »Keschde«) als Frucht des Pfälzerwaldes. Die Pfälzer Küche zaubert daraus Maronensuppe, Kastaniengemüse, Kastanienkuchen und Maronenmus. Bei den Obstsorten sind natürlich Trauben der Renner, dicht gefolgt von Äpfeln. Hofläden und Obststände bieten die frischen Erzeugnisse besonders ansprechend an.

EINKEHREN VOM FEINSTEN

All das leckere Essen und Trinken schmeckt am besten entweder in einem der liebevoll herausgeputzten Weingüter, mit denen die Pfalz so zahlreich aufwarten kann, oder im Rahmen einer Wanderung in einer der urigen Hütten. Vor allem in den kleinen Weindörfern entlang der Weinstraße hat man die Qual der Wahl, in welches der einladenden und hübsch geschmückten Weingüter man einkehrt. Jedes ist auf seine Art besonders und eins haben sowieso alle gemeinsam: Es gibt köstlichen Wein.

Die Einkehr in eine der urigen Pfälzerwaldhütten ist ein Genuss.

Was die Hütten anbelangt, so sind sie einer der Hauptfaktoren, die die Pfalz zum Wanderparadies machen. Nicht umsonst wurden sie im Frühjahr 2021 zum UNESCO-Kulturerbe ernannt! So findet man mitten im Pfälzerwald rustikale Blockhütten mit schönen Außenbereichen, bestem Pfälzer Essen und der obligatorischen Weinschorle.
Das Netz an bewirtschafteten Wanderhütten, die meist der Pfälzerwaldverein bewirtschaftet, ist einzigartig, denn eine solche Dichte gibt es in keiner anderen deutschen Mittelgebirgsregion. Es sind über 100 Waldgasthäuser und Wanderhütten, in denen hungrige Wanderer wieder zu Kräften kommen. Die Speisekarte umfasst Pfälzer Spezialitäten und oft auch hausgemachten Kuchen. Beim Wandern in der Pfalz kann man fast schon sagen, dass nicht der Weg das Ziel ist, sondern die Hütte ...
Bei einem Weingut handelt es sich um einen auf den Weinbau spezialisierten landwirtschaftlichen Betrieb. Es werden Weinverkostungen mit dem eigenen Wein des Winzers angeboten. Für Weinliebhaber ist deshalb eine Einkaufstour von Weingut zu Weingut wie eine Fahrt durchs Schlaraffenland. Die Pfälzer selbst haben ihre ultimativen Adressen, bei denen sie ihren Wein einkaufen – und dieser Wein wird dann jedem wärmstens empfohlen. Nicht zu vernachlässigen ist das sehr gute Preis-Leistungsverhältnis beim Kauf direkt vor Ort. Heißt also: Platz im Wohnmobil für viele Weinkisten freihalten!

Perfektes Wohnmobil-Reiseziel!

Das Deutsche Weintor in Schweigen ist das Wahrzeichen der Pfalz.

CAMPEN PFÄLZER ART

Was die Weinverkostung und die Einkehr in einem Weingut nur noch toppen kann, ist, wenn man anschließend nicht mehr fahren muss. Und dafür gibt es in der Pfalz die beste Lösung, die es nur geben kann: Man übernachtet da auch gleich! Dann kann man den leckeren Wein direkt beim Winzer erst so richtig genießen. Davon abgesehen ist es aber auch ein Erlebnis für sich, einen Abend im Weinberg zu verbringen und sich an der Frische und Stille am Morgen zu erfreuen. Zahlreiche Weingüter bieten in der Pfalz eine solche Übernachtungsmöglichkeit an. Meist liegen sie idyllisch und etwas abgelegen und fast immer sind die Stellplätze von Weinreben umgeben. In diesem Reiseführer werden einige Plätze auf Weingütern vorgestellt (siehe Ziel 8). Die Ausstattung ist unterschiedlich und reicht von ganz einfach und ohne Infrastruktur bis hin zu Stromanschlüssen und Sanitäreinrichtungen.

Das Netz an Campingplätzen in der Pfalz ist nicht unglaublich dicht, aber ausreichend. Es sind vor allem die Plätze in besonderer Lage, die einen Wohnmobilurlaub attraktiv machen – sei es der Naturcampingplatz, der von einer Felskulisse umgeben ist, oder der Platz am Altrheinarm oder einem See, sei es einer inmitten des Biosphärenreservates Pfälzerwald oder einer im Pfälzer Bergland. Es ist von allem etwas vorhanden. In diesem Reisführer werden die naturnahen, idyllischen Plätze bevorzugt beschrieben, hingegen wird auf Plätze mit Vollprogramm und Animation verzichtet; diese sind ohnehin recht rar in der Pfalz.

◀ Schorle gibt's im »Dubbeglas«. ▲ Jede Menge schnuckelige Weingüter
▼ Highlights sind die Stellplätze bei den Weingütern!

Schließlich gibt es eine große Zahl von Stellplätzen, vor allem in den Städten findet sich immer mindestens eine dieser Übernachtungsoptionen. Diese sind dann oft auf Parkplatzuntergrund und mit wenig Charme, dafür aber stadtnah und günstig für alle Ausflüge in der entsprechenden Region gelegen. Es gibt aber auch Stellplätze mitten im Wald und in aller Stille, trotzdem aber zumindest mit Strom ausgestattet. Auch hier wird in diesem Reiseführer auf eine ausgewogene Mischung aus allen Arten von Stellplätzen Wert gelegt.

WANDERPARADIES

Einige der Stell- und Campingplätze befinden sich in unmittelbarer Nähe oder direkt am ausgeprägten Wanderwegenetz. Viele Plätze sind so gelegen, dass eine der empfohlenen Pfalzwanderungen am Platz vorbeiführt oder zumindest zu Fuß erreichbar ist und man das Wohnmobil stehenlassen kann.

Die Pfalz bietet für Wanderer einfach alles. Vom kurzen Spaziergang auf relativ ebenem Weg über anspruchsvollere Wanderungen mit ein paar Höhenmetern bis hin zu schweißtreibenden Halbtages- oder Tagestouren ist alles mit dabei. Manche Wege führen sogar hinüber ins benachbarte Elsass, so zum Beispiel die 4-Burgen-Tour bei Nothweiler (siehe Ziel 5) oder die Wanderung zu den Altschlossfelsen (ebenfalls Ziel 5). Viele Wege stehen unter einem bestimmten Motto, so zum Beispiel führt der Dahner Felsenpfad (siehe Ziel 4) an all den attraktiven Felsformationen vorbei, von denen das Dahner Felsenland reichlich im Angebot hat. Die Wege folgen dann zuverlässig einer Wegmarkierung, sodass ein Verirren gar nicht möglich ist. In diesem Reiseführer befinden sich sowohl Klassiker unter den Pfalzwanderungen als auch Geheimtipps, kurze, entspannte Touren werden ebenso vorgestellt wie Bergtouren auf den höchsten Pfälzer Berg. Einen umfassenden Überblick über besonders schöne und empfehlenswerte Wanderungen in allen Längen und Schwierigkeitsstufen gibt mein ebenfalls im Bruckmann Verlag erschienener Wanderführer »Wander dich glücklich Pfalz«.

Im Internet findet man unter dem Stichwort »Wandermenü Pfalz« 48 Prädikatswege, die die Vielseitigkeit der Pfalz und ihre landschaftliche Schönheit mit der für die Pfalz bezeichnenden Kulinarik verbinden.

Die Touren zaubern jedem Wanderer ein Strahlen ins Gesicht.

▲ Fantastische Farben im Herbst! ◀ Fahren, an schönen Stellen halten, Seele baumeln lassen … ▶ Viel Fachwerk in den Ortschaften

KONTRASTPROGRAMM STÄDTE

Neben so viel Natur, die die Pfalz zu bieten hat, steht uns möglicherweise auch mal der Sinn nach kultureller Abwechslung. Ein paar Städte bieten das Alternativprogramm zum Landleben: Kaiserslautern mit Dinosauriern auf dem Gartenschau-Gelände und seinen vielfältigen Kultureinrichtungen (siehe Ziel 11) oder Pirmasens, einst Zentrum der Schuhproduktion (siehe Ziel 9). Neustadt an der Weinstraße bildet den Mittelpunkt der Deutschen Weinstraße (siehe Ziel 8) und ein Klassiker ist natürlich Speyer, die mediterrane Domstadt am Rhein (siehe Ziel 7). Bad Dürkheim ist berühmt für das überdimensional große Weinfass (siehe Ziel 6). Allerdings ist keine der Städte, auch nicht Kaiserslautern, eine »richtige« Großstadt. Denn sogar in den Städten spiegelt sich die Pfälzer Beschaulichkeit wider, die die Natur der Region nahezu verschwenderisch mitgegeben hat.

BESONDERE JAHRESZEITEN

Im Frühling und im Herbst erleben Besucher ein besonderes Highlight in der Pfalz: Im Frühjahr ist die Gegend rund um die Weinstraße geradezu verzaubert mit einem rosaroten Mandelblütentraum. Das beginnt schon Anfang März – auch wieder wegen des milden, mediterranen Klimas so früh! – und dauert bis Mitte/Ende April. Auch das wird natürlich gebührend gefeiert, beispielsweise mit dem Gimmeldinger Mandelblütenfest in einem

Ortsteil von Neustadt an der Weinstraße (siehe Tipp Tour 8). Es gibt sogar einen ausgewiesenen Mandelblütenpfad, der sich auf einer Länge von 100 Kilometern erstreckt, aber in Teilabschnitten gegangen werden kann; er führt an besonders schönen, blühenden Alleen entlang.
Nicht minder beeindruckend ist der Herbst mit den leuchtend bunt gefärbten Weinbergen. Das ist Indian Summer in Deutschland! Rund um die beiden Orte St. Martin (siehe Ziel 8) und Leinsweiler (siehe Ziel 2) präsentiert sich die Landschaft golden und leuchtend rot im Wechselspiel. Das ist meist gegen Ende Oktober der Fall, bei einem sehr trockenen Sommer auch schon früher.

ZU GAST IN DER PFALZ

Es ist nun schon angeklungen: Die Pfälzer sind ein höchst gastfreundlicher Menschenschlag. Sie sind weltoffen und umgänglich, man fühlt sich jederzeit willkommen und eingeladen. Vor allem bei den Weinfesten und Veranstaltungen, aber auch beim Wandern oder Sightseeing findet man schnell Kontakt und fühlt die Herzlichkeit, mit denen die Bewohner der Pfalz Besucher aufnehmen.
Sie selbst bezeichnen sich gerne als Urgestein und sind mitunter auch etwas eigenwillig, dies aber auf sympathische Art und Weise. Sie sind genussfreudig und gesellig und sind – zu Recht! – stolz auf ihr herrliches Fleckchen Erde und ihre Kulturlandschaft. Sie sehen alles nicht allzu eng und finden für die meisten Probleme und Problemchen eine unkomplizierte Lösung.
Was mitunter schwierig werden könnte, ist die Verständigung. Der Pfälzer Dialekt hat es in sich und manches kann man mehr erahnen, als es wirklich verstehen. Das macht den Reiz der Region aus, führt aber auch zu meist amüsanten Verständigungsschwierigkeiten. Zusätzlich erschwert wird das Ganze dadurch, dass sich der Dialekt oft von Ort zu Ort unterscheidet. Die Pfälzer untereinander haben jedoch keine Verständigungsprobleme.
Mit ihrem munteren und offenen Wesen schaffen es die Pfälzer, eine liebenswerte Region noch attraktiver zu machen und Besuchern einen unvergesslichen Urlaub zu bereiten. Sie sind sozusagen die Krönung einer vielseitigen, bezaubernden und in jeder Hinsicht außergewöhnlichen Ecke Deutschlands!

AUFTAKT SÜDLICHE WEINSTRASSE

Dolce Vita, tolles Klima und malerische Dörfer

Zugang zum Kalmitwingert an der Südwestseite der Kleinen Kalmit

1

Weinberge, so weit das Auge reicht, wunderschöne Weindörfer und paradiesische Bedingungen für Weinliebhaber und Aktive – das beschreibt den Startpunkt der Südlichen Weinstraße, deren Erkundung wir in der Kulturstadt Landau starten.

In Landau selbst gibt es keinen Campingplatz, aber nur zehn Kilometer entfernt ist Camping im Klingbachtal eine gute Ausgangslage für Aktivitäten an der Südlichen Weinstraße. Und stellvertretend für die vielen schönen Stellplätze auf Weingütern ist das Weingut Loretz nur wenige Kilometer nördlich des Stadtgebietes von Landau eine Empfehlung.

KULTUR AN DER SÜDLICHEN WEINSTRASSE

Landau hat viele Namen und Bezeichnungen – es ist eine ehemalige Festungs- und heutige Universitätsstadt und wird aufgrund ihrer zahlreichen Parkanlagen auch Gartenstadt genannt. Außerdem schreibt sich Landau auf die Fahnen, das mildeste Klima Deutschlands zu haben. Und eins zeichnet die drittgrößte Stadt der Pfalz (nach Kaiserslautern und Neustadt an der Weinstraße) besonders aus: Sie ist eine Kulturstadt. Das offenbart sich bereits bei einem ersten Blick – denn durch die verschiedenen Baustile der Gebäude der Stadt aus vergangenen Jahrhunderten und die Nostalgie, die diese ausstrahlen, fühlt man sich in die Vergangenheit zurückversetzt. Besonders erwähnenswert ist die nahezu pompöse **Jugendstil-Festhalle**, ein denkmalgeschütztes Gebäude aus der Jugendstilzeit (frühes 20. Jahrhundert), das heute als Veranstaltungsstätte dient. Highlights sind auch das **Französische Tor** und das **Deutsche Tor**. Beide sind Relikte der ehemaligen Festung Landau und waren im Mittelalter die einzigen Zugangsmöglichkeiten zur Stadt. Sie sind im Stil römischer Triumphbögen erbaut und zeigen das Wappen der Bourbonen und des Sonnenkönigs Ludwig VIX. Das Deutsche Tor am Untertorplatz markierte früher die nördliche Grenze der Stadt und wird von einem riesigen, steinernen Löwen bewacht. Das Französische Tor am Obertorplatz beherbergt das empfehlenswerte Restaurant Mio.
Zwischen beiden Toren, die 900 Meter voneinander entfernt stehen, spielt sich das Innenstadtleben Landaus ab. Da ist vor allem der historische **Rathausplatz** mit seinen schicken Gebäuden (zum Beispiel das Alte

1

Kaufhaus, heute Kulturzentrum), den Cafés und Restaurants und einem wunderbaren mediterranen Flair. Die **Marienkirche**, nicht weit entfernt vom Rathausplatz, ist ein gewaltiger Kirchenbau, der dem Dom zu Speyer (siehe Ziel 7) durchaus das Wasser reichen kann. Die beiden jeweils 60 Meter hohen Türme sind weithin sichtbar.

PIZZA, PASTA UND EIS gibt es im **Mio Landau** im Französischen Tor – alles super lecker und mit einem wunderbar entspannten Ambiente. Auch der Außenbereich ist vor allem an Sommertagen sehr schön. mio-landau.de

Nach der Kultur kommt die Natur – 30 Naturdenkmale und Parkanlagen bilden die grüne Lunge der Stadt. Sie alle aufzuzählen, würde den Rahmen sprengen. Besonders zentral liegt in der Nähe des Hauptbahnhofs eine kleine Parkanlage mit dem **Schwanenweiher** im Mittelpunkt. Südwestlich vom Zentrum ist der **Goethepark** mit seinem Springbrunnen ein beliebtes Ziel nicht nur an heißen Tagen. Der im englischen Stil angelegte Park ist das Herzstück der Landauer Grünflächen. Ein Besuch in Landau ist besonders im Frühjahr schön, wenn überall Narzissen, Tulpen und Krokusse sprießen und blühen.

Tipp

Wer sich intensiver mit den Parkanlagen beschäftigen möchte, dem sei der im Landauer Knechtverlag erschienene Parkführer »Die Gartenstadt Landau und ihre Parks« empfohlen. Neben Geschichte und Besonderheiten der Parkanlagen beschreibt dieser Führer auch fünf Rundgänge durch die Parks.

Auch die Tierwelt ist rege in Landau. Zwei Besonderheiten hat die Stadt zu bieten, das ist einmal der **Zoo Landau**, der nur wenige Gehminuten von der Innenstadt entfernt 900 exotische Tierarten in naturnah gestalteten Gehegen beherbergt. Von der Stadt aus weisen Straßenschilder mit drei orangefarbenen Dromedaren den Weg dorthin. Mit Streichelzoo, Spielplatz, Führungen für alle Altersklassen und Ferienprogramm ausgestattet, ist er ein beliebtes Ausflugsziel. Hunde an der Leine sind erlaubt.

◀ Der Rathausplatz ist das Zentrum der Landauer Innenstadt.

▲In schickem Gewand: das Deutsche Tor ... ▼... und das Französische Tor

Dann gibt es das **Reptilium Landau**, der größte Reptilienzoo Deutschlands. Hier können neben verschiedenen Reptilien- und Amphibienarten auch wirbellose Tiere wie exotische Spinnen bestaunt werden. Es gibt außerdem ein Außengelände, eine Brut- und Jungtierstation sowie eine 600 Quadratmeter große Wüstenhalle. Stündliche Schaufütterungen und Tierpräsentationen sind im Tagesprogramm enthalten.

Wer vom sperrigen Wohnmobil auf einen schnittigen Rennflitzer umsteigen will, der ist im **Kart Center Landau** richtig. Auf der 450 Meter langen Indoorkartbahn können sich Anfänger und Fahrprofis, Kinder und Erwachsene miteinander messen. Wetterabhängig kann auch eine 250 Meter lange Außenstrecke befahren werden. Über ein schummelsicheres Zeitabnahmesystem werden die Rundenzeiten gemessen. Im Bistro kann man sich im Anschluss an die Challenge bei Pfälzer Spezialitäten stärken.

EBENFALLS AUSTOBEN KANN man sich im **Freizeitbad LA OLA**. Mit Wasserwelt, Wellenbecken, Saunalandschaft, Wellness, Whirlpools, Kinderbereichen und Riesenrutschen ist für jede Wasserratte und jedes Alter etwas dabei.

▲ Beliebtes Ausflugsziel: die Kleine Kalmit ◀ Das historische Stadttor von Billigheim-Ingenheim ▶ Zu Besuch im Zoo Landau

SEHENSWERTES RUND UM LANDAU

Als Auftakt an der Südlichen Weinstraße ist **Ilbesheim** mit dem bezeichnenden Motto »Verlieb‘ dich in Ilbesheim« ein Paradebeispiel für ein schnuckeliges Weindorf. Nur sechs Kilometer vom Zentrum Landaus entfernt, präsentiert sich der Ortskern mit historischen Winzerhäusern und einem schmucken Rathaus. Rad- und Wanderwege erschließen die Umgebung. Der **Kalmitwingert**, ein historischer Weinberg mit 19 verschiedenen Reberziehungsformen von der Antike bis in die Neuzeit, beschreibt die Entwicklungsgeschichte des Weinbaus. An Picknickbänken kann man den besonderen Charme des Plätzchens genießen. Der Ausblick von hier aus wurde 2020 zur schönsten Weinsicht der Pfalz gekürt!
Absolutes Highlight des Ortes ist jedoch das **Naturschutzgebiet Kleine Kalmit** (an dessen Südwesthang sich der Kalmitwingert befindet). Es ist ein von Weinreben umsäumter Hügel, auf dessen Kuppe malerisch eine Kapelle thront. Picknick- und Ruhebänke sowie verschiedene Aussichtspunkte machen einen Rundgang auf diesem ganz besonderen Pfälzer Berglein zu einer Attraktion.

1

RUND UM DIE KLEINE KALMIT mitsamt Kapelle geht es auf dem sehr schönen, 4,8 Kilometer langen Rundweg, der sowohl den Ort Ilbesheim als auch den **Kalmitwingert** integriert. Er startet am Parkplatz in der Arzheimer Straße und folgt der Wegmarkierung 5 durch den Ort und vorbei am Rathaus. Dann wandern wir aus dem Ort hinaus und hinein in die Weinberge. Nach herrlichen Ausblicken folgt schließlich die Mater-Dolorosa-Kapelle auf der Spitze der Erhebung mit Bänken und einer sagenhaften 360-Grad-Aussicht über Pfälzerwald, Odenwald und Schwarzwald. Links vor der Kapelle geht es wieder hinab. Der Weg führt dann unterhalb der Kapelle entlang und schließlich zum Kalmitwingert mit der schönen Weinsicht. Die Wanderung ist besonders im Herbst ein Erlebnis, wenn die ganze Umgebung in leuchtenden Farben erstrahlt. Picknick und vielleicht einen Wein nicht vergessen!

Tipp

Wer Ende Juli in der Gegend ist, sollte sich auf keinen Fall das ganz besondere Event Kalmitweinfest entgehen lassen. Mitten in den Weinbergen begrüßen die Ilbesheimer Weingüter die Gäste mit ausgewählten Weinen und leckeren Köstlichkeiten – zuzüglich einem wunderschönen Blick auf die Weinberge der Südlichen Weinstraße. Es gilt als eines der schönsten Weinfeste der Pfalz.

Ein weiteres charmantes Weindorf an der Südlichen Weinstraße ist **Billigheim-Ingenheim**. Hier ist insbesondere das **historische Stadttor** sehenswert – mit einem Wohnmobil kann man gerade noch so durchfahren. Das »Obere Tor« ist das Wahrzeichen Billigheims, eine der ältesten Gemeinden der Südpfalz. Es entstammt der mittelalterlichen Stadtbefestigung, ist sehr gut erhalten und im Turm befindet sich eine Weinstube. Reste des Stadtgrabens sind ebenfalls noch erhalten und markieren den ursprünglichen Verlauf der Stadtmauer.
Von Landau aus gut erreichbar ist ein besonderes, geschichtsträchtiges Relikt ganz anderer Art: die **historische Walddusche** am Hainbach in Gleisweiler. 1848 von einem ortsansässigen Arzt errichtet, trafen sich hier

1

an heißen Sommertagen tapfere Kaltduscher. Patienten wurden für Dusch-, Sturzbad- und Wellenbad-Anwendungen mit der Pferdekutsche hierher transportiert. Es ist die einzige noch existierende Anlage dieser Art in ganz Deutschland. Sie wurde in den 90er-Jahren wieder instandgesetzt, sodass man sich heute sowohl im Kneipp-Becken die Beine vertreten kann, als auch – dazu gehört aber einiges an Überwindung! – das zwischen acht und zwölf Grad kalte Wasser unter dem drei Meter hohen Duschstrahl »genießen« kann. Ein entspannter, etwa ein Kilometer langer und nahezu ebener Spaziergang durch den Wald (mit »Walddusche« ausgeschildert) führt zu diesem besonderen Platz.

Nach so viel Kultur und Natur gibt es noch einen Leckerbissen für alle aktiven Urlauber, die sich gerne in luftigen Höhen bewegen: Der **Kletterpark Fun Forest** in Kandel bietet Spaß und Action für alle Altersstufen auf unterschiedlichen Kletter-Parcours, auf schmalen Wackelbrücken und an rasanten Seilrutschen.

Der Kletterpark ist in die Baumwipfel des **Bienwaldes** integriert, einem Landschaftsschutzgebiet im äußersten Süden der Pfalz, das zu Wanderungen und Radtouren auf ebenen Wegen einlädt. Es ist ein ursprüngliches, 12 000 Hektar großes Waldgebiet, bestehend aus knorrigen alten Eichen und durchzogen von idyllischen Bächen. Fast schon mystisch mutet der Niederungswald an, der sich dank eines Schutzprojektes wieder zum Urwald zurückentwickelt.

Aussichtspunkt mit Blick über die Umgebung von Ilbesheim

◀ Die malerischen Rheinauen ▶ Besondere Erfrischung: historische Walddusche

DURCH DEN URWALD EINES ALTRHEINARMES

Östlich vom Bienwald befindet sich mit den **Rheinauen** ein weiteres Natur-Kleinod. Sowohl zu Fuß als auch mit dem Fahrrad kann man sehr schön vom Goldgrund die urwaldartigen Rheinauen durchstreifen/durchradeln. Start ist das Ende der Goldgrundstraße in Maximiliansau. Von dort machen wir uns auf den Weg in südliche Richtung und über eine Brücke hinein in den Dschungel, den eine Altrheinschleife gebildet hat. An einer Kreuzung orientieren wir uns nach Westen und nach einem Damm erreichen wir die südliche Seite des Rheinarms. Wir treffen auf das Rheinufer, folgen dem Fluss gen Süden und gelangen an einen kleinen Badestrand. Zurück geht es anschließend in nordwestliche Richtung und durch dichten Wald, mitten durch die Rheinauen, an denen alte Kähne liegen, die wohl bei Hochwasser hierher gespült wurden.

Wer die ganze Schönheit der Südpfalz eindrucksvoll und auf einen Schlag kennenlernen möchte, dem sei ein ganz besonderes Erlebnis empfohlen: eine Fahrt mit der **Südpfalz -Draisinenbahn**. Mit Startpunkt in der Hornbachstraße 11 in Bornheim, nur wenige Kilometer nordöstlich von Landau, geht es mit mehreren Stopps und Rastmöglichkeiten nach Westheim und wieder zurück. Insgesamt sind 24 Kilometer Wegstrecke zu strampeln, gemütlich durch Wiesen und Felder. Es gibt Draisinen für vier, fünf oder sieben Personen.

AUF EINEN BLICK

Info

STADT/REGION: Landau/Südliche Weinstraße
BESTE REISEZEIT: Ganzjährig
OPTIMALE REISEDAUER: 2 Tage
TOURISTINFO: Südliche Weinstraße – Büro für Tourismus Landau in der Pfalz e.V., Marktstraße 50, 76829 Landau in der Pfalz, Tel. 06341/13 83 11, touristinfo@landau.de, landau-tourismus.de

SEHENSWÜRDIGKEITEN

ZOO LANDAU IN DER PFALZ: Hindenburgstraße 12, 76829 Landau in der Pfalz, Tel. 06341/13 70 10, zoo@landau.de, zoo-landau.de
REPTILIUM TERRARIEN- UND WÜSTENZOO GMBH: Werner-Heisenberg-Straße 1, 76829 Landau in der Pfalz, Tel. 06341/59 79 66 60, info@reptilium.de, reptilium-landau.de
KART CENTER LANDAU: Im Justus 4, 76829 Landau, Tel. 06341/96 26 99, info@kartcenter-landau.de, kartcenter-landau.de
FREIZEITBAD LA OLA: Horstring 2, 76829 Landau in der Pfalz, Tel. 06341/13 92 00, info@la-ola.de, la-ola.de
FUN FOREST KANDEL: Badallee, 76870 Kandel, Tel. 07275/61 80 32, office@abenteuerpark-kandel.de, kandel.funforest.de
SÜDPFALZ-DRAISEINENBAHN: Tel. 06344/9 44 26 70, info@suedpfalzdraisine.de, suedpfalz-draisine.de

◀ Stimmungsvolles Kalmitweinfest ▶ Draisinenfahrt durch die Südpfalz

◀ Idyllisch: Stellplatz am Weingut Lorentz ▶ Camping im Klingenbachtal

WOHNMOBILSTELLPLATZ WEINGUT LORENTZ

ADRESSE: Lindenbergstraße 76, 76829 Landau in der Pfalz,
Tel. 06341/6 32 24, weingut.lorentz@t-online.de, weingut-lorentz.de

ANFAHRT: Von Landau Richtung Norden nach Nußdorf fahren. An der T-Kreuzung im Ort links über die Lindenbergstraße bis zum Ortsausgang, rechterhand folgt das Weingut mit Stellplatz

GPS: 49.222778, 8.102778

Idyllisch am Ortsrand von Nußdorf gelegenes Weingut mit sechs großzügigen Stellplätzen für Wohnmobile. Rasenuntergrund. Mit Strom, Wasser und Entsorgung. Sehr gutes Preis-Leistungsverhältnis. Mit dem Fahrrad 15 Minuten bis Landau. Campen eingerahmt von Rebstöcken und ruhig gelegen (vor allem die Plätze hinter dem Weingut) – sehr empfehlenswert.

CAMPING IM KLINGBACHTAL

ADRESSE: Klingener Straße, 76831 Billigheim-Ingenheim,
Tel. 06349/61 45, camping-klingbachtal.de

ANFAHRT: Von Landau über die B38 bis Ingenheim fahren, im Ort rechts auf Klingener Straße, dieser folgen, bis es rechts zum Campingplatz und Freibad geht

GPS: 49.135833, 8.072222

Der gepflegte und überschaubar große Platz liegt direkt neben dem schmucken Weindorf Klingen beim Sportplatz und direkt neben dem Freibad (Eintritt im Übernachtungspreis inbegriffen). Saubere, moderne Sanitärgebäude. Vor dem Campingplatz befinden sich Kurzzeit-Wohnmobilstellplätze (nicht reservierbar), die Einrichtungen des Platzes können mitbenutzt werden.

SCHMUCKES ANNWEILER AM TRIFELS

Die Burg wacht über der historischen Altstadt

Die hübsch restaurierte Burg Trifels hoch über dem Ort Annweiler

2

Die Stauferstadt Annweiler liegt, umgeben von Wäldern, Bachtälern und sanften Hügeln, mitten im Trifelsland. Nicht nur die Reichsburg Trifels thront hoch über dem Bilderbuchort, viele weitere Burgen und Burgruine in der nahen Umgebung locken zu Ausflügen, ebenso zahlreiche, einzigartige Wanderungen.

Mit dem Campingplatz Naturfreunde Annweiler befindet man sich nicht nur zwischen der romantischen Stadt Annweiler und der Natur, sondern zugleich am Ausgangspunkt vieler Wanderungen.

STAUFERSTADT ANNWEILER

Allein die traumhaft schöne Altstadt von Annweiler ist einen Besuch wert. Durchzogen vom Flüsschen Queich, über das so manches Brückchen führt, gesäumt von wunderschön restaurierten Fachwerkhäusern und bestückt mit zahlreichen, einladenden Cafés und Restaurants ist die 7 000-Einwohner-Gemeinde ein Ort zum Genießen. Am nördlichen Rand der Altstadt und von der B10 aus erreichbar, befindet sich der kostenlose **Parkplatz Gotthold**, auf dem auch kleinere Wohnmobile und Camper Platz finden. Über eine Brücke und durch ein Tor geht es dann mitten hinein in die herrliche Altstadt, die innerhalb des Rings der mittelalterlichen Stadtmauer Denkmalzone ist.

Ein schönes Beispiel für ein historisches Fachwerkhaus ist das **Gasthaus Storchentor**, ein dreigeschossiger Barockbau aus dem Jahr 1560. Es ist das älteste Gasthaus der Südlichen Weinstraße und stand früher in der Nähe des Storchentors, welches das westliche Stadttor der nunmehr zerstörten Stadtmauer darstellte.

Besonders pittoresk ist das **Alte Rathaus** von Annweiler, das entgegen seiner Bezeichnung »altes« Rathaus noch erstaunlich jung ist – es wurde 1950/51 erbaut und befindet sich inmitten des Zentrums am Rathausplatz. An der linken Gebäude-Ecke bewacht der in Sandstein gehauene Kaiser Friedrich II. das schicke Fachwerkgebäude. In direkter Nachbarschaft bewundern wir die ebenfalls sehr sehenswerte **protestantische Kirche**. Diese wurde im Jahr 1153 erbaut, 1944 zerstört und in ihrem heutigen Erscheinungsbild 1952 wiedererrichtet. Markant sind der erhaltene Turm aus dem Jahr 1318 und die Glasmalereien im Chor. Am Rathausplatz lädt

in exponierter Lage der Außenbereich des **Cafés Chelini** (cafe-chelini.de) dazu ein, die besondere Atmosphäre zu genießen.
Erwähnenswert ist außerdem das **Museum unterm Trifels**. Es informiert über die Vergangenheit der Stadt Annweiler, die Burg Trifels und die Region Trifelsland und natürlich über die Staufer. Drei Fachwerkhäuser und die ehemalige Wassermühle beherbergen die Ausstellungsfläche, auf der den Besuchern anhand von Rekonstruktionen die Geschichte nähergebracht wird. Das Gerberhandwerk ist ein großes Thema, eine historische Gerberwerkstatt kann besichtigt werden.

Tipp

Verschiedene Themenführungen durch Annweiler bringen den Gästen das Städtchen noch ein bisschen näher. Als historische Persönlichkeit führt sie beispielsweise Richard Löwenherz durch den Ort. Inhaltlich ist alles geboten, von den Kirchen und den Fresken über die Stadtmauer, Tore und Türme bis hin zu den Gerbern. Anmeldung beim Büro für Tourismus Annweiler (vg-annweiler.de/tourismus).

Südlich der Altstadt lädt der Kurpark **Markwardanlage** zu einem Besuch ein. Ein kleiner See, Spazierwege, ein Spielplatz, Wassertretbecken und eine Minigolfanlage sind vorhanden. Das Flüsschen Bindersbach durchzieht den Park, dessen südliches Ende ein Lama-Gehege bildet. An der Anlage befindet sich ein Wohnmobilstellplatz (siehe Auf einen Blick) und ein Fußweg führt durch die Markwardanlage hindurch in die Altstadt von Annweiler.

SANDSTEIN-BURG AUF FELSENRIFF

Annweiler mag ein noch so schöner Ort sein – das unbestrittene Highlight jedoch ist die **Burg Trifels** auf der Kuppe des fast 500 Meter hohen Sonnenberges. Die Felsenburg hatte während des Mittelalters den Status einer Reichsburg. Im 12. und 13. Jahrhundert war sie eine der wichtigsten Stätten salisch-staufischer Herrschaft über das Heilige Römische Reich. Man sieht das mächtige Bauwerk sehr gut aus der Ferne und von unten vom Ort Annweiler aus beeindruckt es sehr. Aber auch der Blick von der Burg aus ist ein Erlebnis: Annweiler und das Queichtal direkt darunter, im Osten die Rheinebene, im Westen die Höhenlagen des Pfälzerwaldes.

▲ Der Fluss Queich fließt malerisch durch Annweiler.

◀ Viel Fachwerk im Ort ▶ Im Zentrum der schicke Rathausplatz

DIE BURG TRIFELS kann im Rahmen eines ausgeschilderten Spaziergangs von der Altstadt Annweiler aus erobert und besichtigt werden. Es finden regelmäßig sowohl öffentliche Führungen (samstags, sonntags und feiertags 10.30 bis 13 Uhr) als auch Workshops und Mitmach-Events statt. Von Mai bis Oktober wird immer samstags um 15 Uhr ein Stationentheater durch Burg und Geschichte angeboten.

Tolle Sicht auf den achteckigen Rehbergturm auf dem gleichnamigen Berg

DIE UMGEBUNG

Nur wenige Kilometer außerhalb von Annweiler kann man sich vom **Rehbergturm** aus einen schönen Überblick über die Stadt und ihre Umgebung verschaffen. Der achteckige Buntsandsteinturm thront auf dem fast 600 Meter hohen Rehberg, einer der höchsten Erhebungen in dieser Region. Von der 14 Meter hoch gelegenen, mit Zinnen verzierten Aussichtsplattform genießt man einen sagenhaften Panoramablick. Vom Waldparkplatz Rehberg aus gelangt man über den Rundwanderweg Nr. 18 in einer zwei Kilometer langen Wanderung zum Turm.

Ebenfalls nur wenige Kilometer entfernt, diesmal südwestlich von Annweiler bei der Ortschaft Lug, kann man die **Geiersteine** bewundern. Genau genommen ist es nur einer, nämlich ein aus mehreren Teilen bestehender Fels mit Blick in die Rheinebene. Vom Parkplatz der Gemeindehalle in Luig aus führt ein 5,4 Kilometer langer Rundweg an den bizarren Felsgebilden vorbei.

Tipp

In der Abendstimmung und bei Sonnenuntergang ist der Weg zu den Geiersteinen eine besondere Empfehlung. Steil bergauf, aber wunderschön geht es hinauf zu den beeindruckenden Felstürmen (Dauer etwa eine Stunde). Picknick mitnehmen!

2

Annweiler ist nicht der einzige malerische Ort der Umgebung. Nur wenige Kilometer südöstlich erreicht man das **Weindorf Leinsweiler**. Auch hier besticht der historische Ortskern mit den schicken Fachwerkhäusern. Winzerhöfe und Weinkeller laden zur Einkehr und zur Weinprobe ein. Leinsweiler bringt aufgrund des sehr milden Klimas mit überdurchschnittlich vielen Sonnentagen einen edlen Wein hervor und zählt dank seiner W's – Wald, Wiesen, Weinberge und Wein – zu einem der meistbesuchten Weindörfer an der Südlichen Weinstraße.

Weiter geht es mit **Birkweiler**, einem weiteren romantischen Winzerdorf. Der Dorfkern besteht aus historischen Sandstein- und Fachwerkhäusern und zwei Pfarrkirchen. Weingüter und gute Restaurants bereichern den Besuch. Der Ort mit seinen nicht einmal 1 000 Einwohnern liegt außerdem idyllisch am **Haardtrand**, einem Naturschutzgebiet mit vielen Weinreben, Obstgrundstücken, Wald- und Waldrandflächen. Viele Kilometer Wald- und Wanderwege umgeben den Ort. Birkweiler ist vor allem im Frühjahr einen Besuch wert, wenn die Kastanien- und Mandelbäume in voller Blüte stehen.

Ein Geheimtipp in der Gegend ist der zauberhafte »Birkweiler Weinwinter« am zweiten Adventswochenende. Hierfür öffnen die Winzerhöfe ihre Tore und kerzenilluminierte Weingüter sorgen für Weihnachtsstimmung. Neben Weinen und Pfälzer Spezialitäten kann man Kunsthandwerk und besondere Weine kaufen.

Tipp

◀ Reizvoll zum Sonnenuntergang: die Geiersteine ▶ Haardtrand Birkweiler

2

BURGEN, BURGEN UND NOCHMAL BURGEN …

Wie ein Ring legen sich mächtige, mystische und abenteuerlich wirkende Burgen und Burgruinen um den Ort Annweiler. Beginnend im Südosten, ist die **Burgruine Madenburg** ein beliebtes Ausflugsziel. Die Burgruine wacht auf einem vorspringenden Felsausläufer als ehemalige Höhenburg am Ostrand des Pfälzerwaldes über der Rheinebene. Die 180 Meter lange Burganlage oberhalb des Ortes Eschbach wurde im frühen 11. Jahrhundert erbaut. Nachdem sie im 19. Jahrhundert als Steinbruch zweckentfremdet wurde, fanden anschließend zahlreiche, zum Teil bis heute andauernde Restaurierungsarbeiten statt. So wird beispielsweise das historische Brunnenhaus aktuell originalgetreu nachgebildet.

In einer ständigen Ausstellung wird die Entstehungsgeschichte der Burg gezeigt und in der Burgschänke lässt es sich bei Pfälzer Spezialitäten vortrefflich einkehren.

DIE BURG PRÄSENTIERT EINEN SENSATIONELLEN BLICK vor allem vom Burgturm aus über das Rebenmeer, die Rheinebene, das Wasgau (siehe Ziel 5) und den Pfälzerwald! Die Burganlage ist tagsüber frei zugänglich.

Dagegen hat es zwar die nördlich von Leinsweiler gelegene **Ruine Neukastel** schwer, sich zu behaupten, aber sie schafft es dank ihrer geheimnisumwobenen Aura. Denn obwohl von der einstigen Burg aus dem 13. Jahrhundert fast nichts mehr übrig ist, kann man sich in und auf ihr sehr schön umschauen und über Metalltreppen Höhlen, Gänge und Kellerverliese erforschen. Vom Parkplatz Neuscharfeneck aus ist es ein 500 Meter langer Fußmarsch; besonders empfehlenswert ist die Ruine aber im Rahmen der Wanderung Slevogtweg.

Größenmäßig imposanter wird es wieder südöstlich von Annweiler mit der **Burgruine Neuscharfeneck**. Sie wurde im 15. Jahrhundert von Kurfürst Friedrich I. ausgebaut. Ihre mächtige Schildmauer und die Relikte der verfallenen Burg vereinen sich zu einem Anblick, der die Burganlage zu einer der beeindruckendsten der Pfalz macht – zudem ist sie die viertgrößte. Die Panoramaaussichten von der 500 Meter hoch gelegenen Burg lohnen allein den Weg hierher.

▲ Die Madenburg ist eine der ältesten und größten Burganlagen der Pfalz.
◀ Burgruine Neuscharfeneck ▶ Ausblick von der Ruine Neukastel

BESONDERS SCHÖN IST DIE BURGRUINE vom Ortsausgang von Dernbach aus zu erwandern. Der Weg startet an einem Wanderparkplatz und führt, der rot-weißen Markierung des Pfälzerwaldvereins folgend, bergauf zur Landauer Hütte mitten im Wald mit toller Außenfläche und Pfälzer Gerichten. Dann geht es mit der Markierung des Pfälzer Weinsteigs zur Ruine. Wer ein Smartphone dabei hat, kann an einem Schild einen Code scannen und ein Informationsvideo über die Burgruine anschauen. Über schmale Waldpfade und vorbei am spektakulären 5-Burgen-Blick, erreicht man mit dem Wanderzeichen weißes Dreieck mit schwarzem Punkt die Waldgaststätte Drei Buchen. Von hier aus sind es nur wenige Schritte zurück zum Parkplatz.

Nicht weit von der Burgruine Neuscharfeneck entfernt, findet man bei Ramberg die **Ramburg**. Von ihr nimmt man an, dass sie im 12. Jahrhundert erbaut wurde. Am 31. Mai 1560 schlugen zwei Blitze in den Wohnbau der Burg ein, die Burg brannte aus und wurde im Dreißigjährigen Krieg endgültig zerstört. Nach Restaurierungen in den 1870er-Jahren sind die Außenmauern des Wohnhauses, die Schildmauer und Reste der Ringmauer erhalten.

Der kleine Ort **Ramberg** im gleichnamigen romantischen Tal ist übrigens ebenfalls sehr sehenswert mit der markanten, rosafarbenen Kirche St. Laurentius im Ortskern.

WANDERUNGEN

Drei Wanderungen habe ich persönlich als besonders schön unter dem riesigen Angebot an Wanderwegen in der Region empfunden: Der bereits genannte **Slevogtweg** startet in Leinsweiler und folgt den Spuren des Künstlers Max Slevogt (1868–1932). Neben Stationen zum Leben und Wirken des Künstlers liegen die Ruine Neukastel, der Slevogthof mitsamt einiger verwitterter Grabsteine auf einem Friedhof sowie sagenhafte Ausblicke

Mitten im Ort Ramberg prangt die farbenfrohe Kirche St. Laurentius.

Leuchtende Buntsandsteingebilde auf dem Rimbachsteig

auf dem Weg. Die drei Burgen der Umgebung schieben sich dabei ins Blickfeld, das sind Trifels, Anebos und Münz. Von der herausragenden Position des mächtigen Slevogtfelsens aus lässt sich das Burgen-Trio besonders gut betrachten. Der ganze Weg ist mit dem Konterfei des Künstlers bestens ausgeschildert. Er ist insgesamt 10,4 Kilometer lang und beinhaltet 340 Höhenmeter.

Gar nicht höllisch, sondern vielmehr richtig himmlisch, ist die **Spirkelbacher Höllenberg-Tour**, ein Premiumwanderweg, der zu zahlreichen Felsformationen mit und ohne Ausblicken führt. Zum größten Teil durch den Wald führt der Weg, auf dem die Wegmarkierungen mit einem angedeuteten Teufel und der Beschriftung »Spirkelbacher Höllenberg-Tour« die Wegführung übernehmen. Auf einer Länge von 12,7 Kilometern sind 270 Höhenmeter zu schaffen. Man sollte genug Zeit einplanen, um die zahlreichen Aussichtspunkte zu genießen.

Die dritte Wanderung im Bunde ist der **Rimbachsteig**, ein etwas anspruchsvollerer Weg, der auch eine gewisse Grundkondition erfordert. Allein die Länge von 18,4 Kilometern und die 560 Höhenmeter sind eine Herausforderung. Belohnt für die Mühen wird man mit beeindruckenden Felsformationen, wovon eine, der Hühnerstein, mit einer abenteuerlichen Stahlleiter bezwungen werden muss. Eine Einkehr in der urigen, vom Pfälzerwaldverein bewirtschafteten Wasgauhütte belohnt für alle Mühen! Das weiß-blaue Schild mit der Beschriftung »Rimbach-Steig« weist den Weg.

AUF EINEN BLICK

Info

STADT/REGION: Annweiler am Trifels/Trifelsland
BESTE REISEZEIT: Ganzjährig
OPTIMALE REISEDAUER: 2-3 Tage
TOURISTINFO: Südliche Weinstraße Annweiler am Trifels e.V. – Büro für Tourismus, Meßplatz 1, 76855 Annweiler am Trifels, Tel. 06346/22 00, info@trifelsland.de, vg-annweiler.de/tourismus
Büro für Tourismus Landau-Land, Haus des Gastes, Hauptstraße 4, 76829 Leinsweiler, Tel. 06345/35 31, urlaub@landauland.de, landauland.suedlicheweinstrasse.de

SEHENSWÜRDIGKEITEN

MUSEUM UNTERM TRIFELS: Am Schipkapass 2, 76855 Annweiler am Trifels, Tel. 06346/9 65 97 60, museum@annweiler.de
BURG TRIFELS: K2, 76855 Annweiler am Trifels, Tel. 06346/84 70, reichsburg-trifels.de
MADENBURG: Buchwald, 76829 Landau, Tel. 06345/71 10, info@madenburg-pfalz.de, madenburg-pfalz.de

Ortsnaher Stellplatz an der Markwardanlage

Campingplatz Naturfreunde Annweiler

WOHNMOBILSTELLPLATZ AN DER MARKWARDANLAGE

ADRESSE: K3, 76855 Annweiler am Trifels, Tel. 06346/96 59 70

ANFAHRT: Die Altstadt Annweiler westlich umfahren, dann über die Markwardstraße Richtung Süden, der Stellplatz folgt linkerhand

GPS: 49.196111, 7.970000

Direkt am Kurpark Markwardanlage, jedoch auch an einer vielbefahrenen Straße gelegener städtischer Stellplatz. Nachts etwas ruhiger. Acht Wohnmobile stehen in Längsausrichtung unter schattenspendenden Bäumen zwischen Straße und Grünstreifen des Parks neben dem kleinen Flüsschen. Altstadt Annweiler zu Fuß durch den Park erreichbar. Ver- und Entsorgung sowie öffentliches WC vorhanden, jedoch kein Strom. Nur für autarke Camper.

CAMPINGPLATZ NATURFREUNDE ANNWEILER

ADRESSE: Viktor-von-Scheffel-Straße 18, 76855 Annweiler am Trifels, Tel. 06346/81 98, campingplatz@naturfreunde-annweiler.de, naturfreunde-annweiler.de

ANFAHRT: An allen Ortseingängen von Annweiler Hinweisschilder zum Campingplatz

GPS: 49.201667, 7.972222

Am Fuße des Sonnenberges und der Burg Trifels gelegener Campingplatz oberhalb des Ortes Annweiler. Kleiner, überschaubarer Platz mitten in der Natur neben dem bewirtschafteten Naturfreundehaus Annweiler. Moderne Sanitäranlagen mit abschließbaren Waschkabinen, Strom, W-LAN, Ver- und Entsorgung. Ausgangspunkt zahlreicher Wanderungen.

DIE SÜDLICHSTE REGION DER PFALZ

Bad Bergzabern und Südliche Weinstrasse

Sagenumwobenes Felsennest Burg Berwartstein

3

Bad Bergzabern liegt im äußersten Süden der Pfalz - nur einen Schritt vom französischen Elsass entfernt. Wem der Ort selbst, das zauberhafte Dorf Dörrenbach, das Deutsche Weintor, zahlreiche Burgen und Ruinen oder die vielen Möglichkeiten für Wandern und Radfahren nicht reichen, spickt noch kurz ins Nachbarland.

Das Dreieck, das die drei Gemeinden Bad Bergzabern, Erlenbach und Silz bilden, umschließt jede Menge Erlebnisse, Sehenswürdigkeiten und Aktivitäten. Oberhalb von Bad Bergzabern gibt es einen Stellplatz am Weingut, mitten in der Natur liegt der Campingplatz am Berwartstein und der Stellplatz Silz bietet mit der Lage am Silzer See ein eigenes Urlaubsziel. Die Qual der Wahl also!

»GENIESS DEN SÜDEN DER PFALZ« ...

... damit wirbt die Gemeinde **Bad Bergzabern** auf ihrer Homepage. Und tatsächlich ist der Süden zum Genießen! Im Ort selbst laden das Zinnfigurenmuseum und das Westwallmuseum zu einem Besuch ein. Das **Zinnfigurenmuseum** befindet sich im Haus der Buchhandlung Wilms und beherbergt eine Sammlung von 20 000 Zinnfiguren. Diese stellen in historischen Bildern mit Szenen von Schlachten und kulturhistorischen Darstellungen 6 000 Jahre Menschheitsgeschichte dar.
Das **Westwallmuseum** ist in den letzten erhaltenen Bunkern des Westwalls untergebracht. Der Westwall diente während des Zweiten Weltkriegs dazu, die westlichen Demokratien an Einflussnahmen zu hindern. Die Gebäude auf dem Museumsgelände sind denkmalgeschützt, informieren über die politischen und militärischen Hintergründe und geben einen Einblick in das Leben der Bunkerbesatzungen.
Schon allein das Gebäude des **Museums der Stadt Bad Bergzabern** ist sehenswert: Es ist im ehemaligen Gasthaus Zum Engel untergebracht, das als eines der schönsten Renaissance-Bauten der Pfalz gilt. In der Ausstellung wird die Stadt- und Regionalgeschichte vermittelt und mehrmals im Jahr gesellen sich Sonderausstellungen dazu.
In unmittelbarer Nachbarschaft zu dem herrlichen Gebäude findet man einen weiteren Prachtbau, nämlich das **Schloss Bad Bergzabern**. Es ist zu Recht das Wahrzeichen der Stadt und befindet sich inmitten der

Innenstadt. In der Vergangenheit residierten in dem barocken Bau aus der Spätgotik die Herzöge von Pfalz-Zweibrücken, heute ist es Sitz der Verbandsgemeinde Bad Bergzabern.

NACH DER KULTUR haben wir uns ein wenig Entspannung verdient – diese finden wir in der **Südpfalz Therme**. Mit mehreren Thermalbecken sowohl im Innen- als auch im Außenbereich, einer Saunalandschaft für die unterschiedlichsten Bedürfnisse und einer Wellnessabteilung lässt sich hier wunderbar ein geruhsamer Tag verbringen.

Der Eingang zu diesem Wohlfühlparadies befindet sich im **Kurpark von Bad Bergzabern**. Hier sind alle Gäste richtig, die Ruhe und Beschaulichkeit suchen. Im Stil eines Landschaftsparks mit großen Rasenflächen angelegt, bietet er mit blühenden Blumen im Frühjahr, schattenspendenden Bäumen im Sommer und bunt gefärbtem Laub im Herbst ein mehrmonatiges Naturprogramm. Eine Minigolfanlage und der kleine Schwanenweiher, auf dem man Tretboot fahren kann, runden das Angebot ab.

»DORNRÖSCHEN DER PFALZ«

Das Nachbardorf von Bad Bergzabern, der Weinort **Dörrenbach**, ist ein schönes Fachwerkdorf, das romantisch-verträumt erscheint. Aus diesem Grund wird es das »Dornröschen der Pfalz« genannt. Und während andernorts Weinköniginnen gekrönt werden, wird in Dörrenbach alle zwei Jahre Mitte Juni das Dornröschen gekürt – dann schlüpfen die Dorfbewohner in märchenhafte Kostüme und das Ganze ist ein sehr sehenswertes Schauspiel.

Einige Weingüter öffnen ihre Türen nicht nur für durstige, sondern auch für hungrige Besucher, beispielsweise das **Weingut C.S. Oerther** auf dem lauschigen Rathausplatz hinter dem Rathaus. Inmitten des historischen Ortskerns reihen sich auch die herrlich herausgeputzten Gebäude aneinander, allen voran das historische **Dörrenbacher Rathaus** im Renaissance-Stil. Dahinter linst die **Wehrkirche St. Martin** hervor, die in ihren ältesten Teilen aus der Zeit um 1300 stammt. Sie ist umgeben von der gut erhaltenen mittelalterlichen **Wehrkirchanlage**.

Das Schloss ist das Wahrzeichen von Bad Bergzabern.

VIELE RAD- UND WANDERWEGE durch Kastanienwälder und Weinberge starten in Dörrenbach und Bad Bergzabern. Fahrräder und E-Bikes kann man bei SeLi Rahmenbau leihen. Sebastian Lindler, seli-rahmenbau, Tel. 06343/9 89 97 90.

ÜBER DEN STÄFFELSBERGTURM ZUM DORNRÖSCHEN DER PFALZ

Eine wunderschöne Wanderung verbindet die beiden Orte Bad Bergzabern und Dörrenbach. Teile davon liegen auf dem **Dörrenbacher Märchenweg**, der anhand von liebevoll und sehr aufwendig gestalteten Stationen bekannte Märchenszenen nachstellt. Startpunkt ist der Parkplatz am Kurpark von Bad Bergzabern. Der Wegemarkierung mit dem lilafarbenen Viertelfächer folgend, erreicht man das erste Highlight, die idyllisch gelegene Kolmbergkapelle. Anschließend geht es weiter an den ersten Märchenstationen vorbei und zum **Stäffelsbergturm** mit Aussichtsplattform. Der nüchtern wirkende Turm steht auf einem baumfreien Plateau mit einladenden Picknickbänken außenherum inklusive schönen Blicken. Weiter führt der Rundweg ins traumhaft schöne Örtchen Dörrenbach (mit Einkehr in einem Weingut ...) und von dort zunächst durch regenwaldartiges Gebiet und zuletzt vorbei an Weinbergen zurück nach Bad Bergzabern. Die Weglänge beträgt 9,4 Kilometer mit 270 Höhenmetern.

Romantischer Ortskern Dörrenbach mit Wehrkirchanlage

BURGEN UND TÜRME

Nördlich von Bad Bergzabern ist die **Burg Landeck** bei Klingenmünster ein lohnendes Ausflugsziel. Verwunschen sitzt die gut erhaltene, mächtige Burg, die erstmals im Jahr 1237 urkundlich erwähnt wurde, über den Weinreben und eröffnet den Blick über die Vorderpfalz bis zum Odenwald und zum Schwarzwald. Besonders erwähnenswert ist der 1200 errichtete Bergfried, der als höchster und besterhaltener der Pfalz gilt. Eine Burgschänke mit gutbürgerlicher Küche und einer Aussichtsterrasse lädt zur Einkehr ein. Es finden regelmäßige Veranstaltungen wie ein Johannisfeuer oder der Mittelaltermarkt im Rahmen des Landeckfestes statt. Zufahrt mit Fahrzeugen bis 3,5 Tonnen, ansonsten ist die Burg zu Fuß über einen Weg oberhalb der Fahrstraße in 20 Minuten erreichbar.

Einen Steinwurf entfernt präsentiert der 14 Meter hohe Aussichtsturm **Martinsturm** einen Rundumblick. Der Sandsteinbau thront auf dem 504 Meter hoch gelegenen Treutelsberg, steht unter Denkmalschutz und gehört zu den Kulturdenkmälern von Klingenmünster.

Tipp

Ebenfalls auf dem Treutelsberg und zwischen Burg Landeck und dem Martinsturm liegt das Waldschlössel (oder auch Burg Schlössel), eine salische Turmburg mit Vorbau und Abortturm. Das Waldschlössel ist eine der ältesten Burganlagen der Pfalz. Betreten wird die Anlage durch das äußere und innere Tor im ehemaligen Torturm.

Im Ort **Klingenmünster** selbst ist es ein ganz anderes Bauwerk, das durch seine Schönheit besticht: das **Kloster Klingenmünster**, ein ehemaliges Reichskloster, das zu den frühesten Abteien Deutschlands gehört (vermutlich erbaut im Jahr 626). Es befindet sich mitten im Zentrum Klingenmünsters und ist die Keimzelle der Ortschaft. Auf einer hübsch gestalteten Tafel an der Mauer des Klosters kann man sich über die Historie des sakralen Bauwerks informieren.

Nicht irgendein Tor, sondern **DAS Pfälzer Tor** steht in Schweigen-Rechtenbach nahe der französischen Grenze: das **Deutsche Weintor**, seines Zeichens Wahrzeichen der Pfalz. Hinter dem pittoresken Tor – das täglich von 10 bis 17.30 Uhr bestiegen werden kann – verbirgt sich ein Konglomerat aus Restaurant, Vinothek, der Tourist Information und dem Abfahrtsort für das **»Grenzlandbähnchen«**, ein nostalgisches Züglein, das von Mitte Mai bis Anfang Oktober zwischen Schweigen-Rechtenbach und dem französischen Wissembourg verkehrt. Sowohl zum Deutschen Weintor als auch zum Grenzlandbähnchen kann man sich mit einem QR Code, den man mit dem Smartphone scannt, ein Informationsvideo anschauen. In Schweigen startet außerdem der erste **Weinlehrpfad** der Welt (einen Kilometer lang, von Mai bis Oktober Vesper bei einer Schutzhütte, ebenfalls per QR Code aufs Smartphone zu scannen) sowie der **Radweg Deutsche Weinstraße** (Gesamtstrecke 100 Kilometer, in Etappen fahrbar).

◀ Aussichtsreicher Martinsturm ▶ Deutsches Weintor mit Vinothek

3

URLAUB IM URLAUB

Für Naturliebhaber, Ruhe- und Erholungssuchende bietet das Naherholungsgebiet **Silzer See** ein Ganzjahresziel. Bänke am Seeufer laden zum Entspannen ein. Der vom Klingenbach aufgestaute See liegt eingebettet in ein kleines malerisches Tal nahe dem Ort Silz. Zwar ist es kein offizieller Badesee, wird aber vielfach zum Baden genutzt. In der Sonne oder auf der Wiese unter Bäumen zu liegen ist aber auf jeden Fall erlaubt! Am See befindet sich neben dem Sportplatz der unter Auf einen Blick beschriebene Wohnmobilstellplatz mitten im Grünen mit Ver- und Entsorgung.

EINE WUNDERSCHÖNE WANDERUNG führt vom Silzer See aus zu einer Einkehr, einer Burgruine und außergewöhnlichen Steinformationen. Zunächst geht es gegen den Uhrzeigersinn talaufwärts durch den Wald zum Waldgasthof Cramerhaus Lindelbrunn mit Biergarten. Ein zusätzlicher Schlenker von 1,5 Kilometern führt zur Burgruine Lindelbrunn, das ist der Umkehrpunkt der Wanderung. Zurück geht es über den 25 Meter hohen Kellerfels, eine interessante Felsformation mit Öffnung zum Durchgucken und Durchgehen. Dann folgt die Attraktion, der Schweinsfelsen, dessen Aussichtskanzel über eine luftige, aber glücklicherweise durch ein Geländer gesicherte Leiter (45 Stufen) zu erklimmen ist. Der Wagemut wird mit einem sensationellen Ausblick belohnt! Über Serpentinen wandern wir weiter, ein kleiner Abstecher von 1,5 Kilometern Länge würde zum südlichen Schweinsfelsen führen. Bergab geht es anschließend zum Klingenbachtal und zum Silzer See zurück. Strecke ohne Abstecher 8,1 Kilometer und 210 Höhenmeter.

Ganz in der Nähe des Sees befindet sich der **Wild- und Wanderpark Südliche Weinstraße** bei Silz. Ebenfalls ein Ganzjahresziel und einen Ganztagesausflug wert, beherbergt der 100 Hektar große Park 400 Tiere aus 15 europäischen Tierarten. Zwei unterschiedlich lange Rundwege erschließen das Gelände, auf dem man Wolf, Wisent oder Wildschwein sehr nahekommt. Nicht nur für Kinder ist der Streichelzoo eine Attraktion. Abgerundet wird das Angebot durch einen Spielplatz, ein Restaurant und einen Grillplatz.

Restaurierte und einzige bewohnte Burganlage der Pfalz: Burg Berwartstein

RUND UM ERLENBACH BEI DAHN

Wer auf dem Campingplatz Am Berwartstein (siehe Auf einen Blick) übernachtet, befindet sich in Laufdistanz zu mehreren Attraktionen rund um Erlenbach. Da ist zunächst die **Burg Berwartstein**, eine Raubritterburg wie aus dem Bilderbuch. Die Felsenburg galt einst als uneinnehmbar, weswegen dort auch der Heerführer der gesamten Kurpfälzischen Streitkräfte residierte. Das Besondere an der Burg ist, dass sie so gut wie kaum eine andere erhalten ist. Deshalb ist das Felsennest auf einem Sandsteinfelsen auch heute noch bewohnt und natürlich bewirtschaftet – mit Außengastronomie im Burghof. Burg Berwartstein ist ein einzigartiger Zeitzeuge des Mittelalters; im Rahmen von Burgführungen, Veranstaltungen und sogar Übernachtungen im historischen Ambiente können Gäste diese besondere Atmosphäre hautnah erleben.

Weniger spektakulär als die majestätische Burg, aber mit eigenem Charme versehen, ist die **Burg Klein-Frankreich** (auch Thurm Frankreich), die sich zwischen dem Campingplatz und der Burg Berwartstein befindet, als deren Vorwerk sie früher galt. Der Stumpf des ehemaligen Batterieturms ist gut erhaltenen. Der Turm liegt verwunschen inmitten des Waldes.

Spektakuläre Burgruine Drachenfels bei Erlenbach

ZUM SEEHOF-WEIHER, einem Naturbadesee inmitten eines hübschen Bachtals und fernab jeden Trubels, führt vom Campingplatz aus ein kurzer Spazierweg. Der See ist ringsum von Bäumen und einer weitläufigen Liegewiese umgeben. Ein Kiosk sorgt für das leibliche Wohl, neben Schnitzel und Flammkuchen gibt es auch Kaffee und Kuchen. Toiletten und Umkleidekabinen sind vorhanden, nichts spricht also gegen einen entspannten Badetag.

Ein letztes Highlight nordwestlich von Erlenbach ist die legendäre **Burg Drachenfels**, eine Ruine nahe der Gemeinde Busenbach. Das auffällige, 150 Meter lange Steingebilde mit seiner Aussichtskanzel trägt wegen seines Aussehens zu Recht den Beinamen »Backenzahn«. Von der ehemaligen Felsenburg sind heute noch die Felsenkammer, das Torgebäude und Reste eines Flankierungsturms erhalten. Über abenteuerliche Treppen und Leitern kann man die Ruine erkunden und erklimmen und von ganz oben eine fantastische Aussicht genießen.

DER DRACHENFELS liegt auf der sehr empfehlenswerten, aber durchaus anspruchsvollen Wanderung **Bärensteig**, die am Parkplatz von Bruchweiler-Bärenbach startet, durchgehend gut mit einem weißen Bären auf orangefarbenem Grund ausgewiesen ist, 14,2 Kilometer Länge und 380 Höhenmeter zu bewältigen hat.

AUF EINEN BLICK

Info

STADT/REGION: Bad Bergzabern/Südliche Weinstraße
BESTE REISEZEIT: Ganzjährig
OPTIMALE REISEDAUER: 2 Tage
TOURISTINFO: Tourismusverein Südliche Weinstraße, Kurtalstraße 27, 76887 Bad Bergzabern, Tel. 06343/98 96 60, info@bad-bergzaberner-land.de, badbergzabernerland.suedlicheweinstrasse.de
Tourismusverein Wein & Kultur Schweigen-Rechtenbach e.V., Paulinerstraße 10A, 76889 Schweigen-Rechtenbach, Tel. 06342/63 21

SEHENSWÜRDIGKEITEN

ZINNFIGURENMUSEUM: Marktstraße 14, 76887 Bad Bergzabern, Tel. 06343/93 91 72, buchhandlung.wilms@t-online.de, antiquariat-wilms.de
WESTWALLMUSEUM BAD BERGZABERN: Kurfürstenstraße 21, 76887 Bad Bergzabern, Tel. 0152/59 65 90 63, westwall-museum.bza@web.de, otterbachabschnitt.de
MUSEUM DER STADT BAD BERGZABERN: Königstraße 45, 76887 Bad Bergzabern, Tel. 06343/7 01 77, info@bad-bergzaberner-land.de, bad-bergzabern.de/tourismus-kultur/stadtmuseum
SÜDPFALZ THERME: Kurtalstraße 27, 76887 Bad Bergzabern, Tel. 06343/93 40 10, info@suedpfalz-therme.de, suedpfalz-therme.de
BURG LANDECK: Weinstraße, 76889 Klingenmünster, Tel. 06349/87 44, landeck-burg.de
DEUTSCHES WEINTOR: Weinstraße 4, 76889 Schweigen-Rechtenbach, Tel. 06342/92 27 80, erlebnis-weintor.de
WILD- UND WANDERPARK SÜDLICHE WEINSTRASSE GMBH: Hauptstraße, 76857 Silz, Tel. 0346/55 88, info@wildpark-silz.de, wildpark-silz.de
BURG BERWARTSTEIN: Burg Berwartstein 1, 76801 Erlenbach, Tel. 06398/2 10, burgberwartstein@t-online.de, burgberwartstein.de

AUF EINEN BLICK

WOHNMOBILSTELLPLATZ AM WEINGUT HITZIGER

ADRESSE: Liebfrauenbergweg 3, 76887 Bad Bergzabern, Tel. 06343/17 10, info@weingut-hitziger.de, weingut-hitziger.de

ANFAHRT: Von der Ortsmitte Bad Bergzabern aus über die Weinstraße Richtung Norden, dann nach links auf die Danziger Straße und geradeaus in den Liebfrauenbergweg. Zum Weingut links abbiegen (Zufahrt für Wohnmobilgäste erlaubt)

GPS: 49.106667, 7.996389

Stellplatz mitten in den Weinbergen oberhalb von Bad Bergzabern, das fußläufig erreichbar ist. Rasenuntergrund, Strom, Wasser, Ver- und Entsorgung. Teilweise Schatten. Keine Sanitäreinrichtungen, es sind nur autarke Camper (mit WC) erlaubt. Auch für größere Mobile geeignet. Sehr idyllisch und naturnah, aber dennoch alle Sehenswürdigkeiten Bad Bergzaberns in der Nähe. Gute Ausgangslage auch für Wanderungen und Radtouren. Weinverkostung möglich.

WOHNMOBILSTELLPLATZ SILZ

ADRESSE: 76857 Silz, info@silz.de, silz.de

ANFAHRT: Von Bad Bergzabern über die B427 in nordwestliche Richtung fahren, nach etwa 8 Kilometern rechts abbiegen und nach dem Wild- und Wanderpark links zum Stellplatz

GPS: 49.144530, 7.937370

◀ Stellplatz Weingut Hitzinger ▶ Naturcamping Am Berwartstein

Mitten in der Natur liegt der Stellplatz Silzer See.

Weitläufiger und beschaulich in der Natur, am Waldrand und auf Wiesenuntergrund und vor allem beim romantischen Silzer See liegender Stellplatz für Fahrzeuge jeder Länge. Mit Frischwasserversorgung, Stromanschluss und Entsorgung. Der beschriebene Wild- und Wanderpark ist in wenigen Schritten zu Fuß erreichbar. ÖPNV-Anschluss in der Nähe.

NATURCAMPINGPLATZ AM BERWARTSTEIN

ADRESSE: Im Laichfeld 1, 76891 Erlenbach, Tel. 0173/6 84 45 32, campingplatz.am-berwartstein@t-online.de, naturcampingplatz-berwartstein.de

ANFAHRT: Von Bad Bergzabern über die B427 nach Erlenbach fahren, dann über die Hauptstraße/L490 Richtung Süden bis erste Querstraße nach Niederschlettenbach abzweigt. Dieser immer geradeaus folgen, Platz linkerhand

GPS: 49.102222, 7.863889

Großer, sehr ruhig gelegener Campingplatz mit 60 Touristenplätzen. Großzügig angelegte Parzellen mit viel Privatsphäre, manche Stellplätze mit Ketten abgeteilt. Das naturbelassene Gelände erstreckt sich rund um einen alten Sportplatz, eine Gaststätte ist vorhanden, der Seehof-Weiher nur einen kurzen Spaziergang durch den Wald entfernt. Die Duschen werden mit 50-Cent-Münzen betrieben, sind klein und haben keine Möglichkeit, sich blickgeschützt umzuziehen (nur auf dem schmalen Gang möglich). Strompausche und kostenpflichtiges Internet, ansonsten kein Netzempfang.

FERIENREGION DAHNER FELSENLAND

Bizarre Felsgiganten und -burgen rund um Dahn

Ein Eldorado für Kletterer ist das Felsmassiv Hochstein.

4

In unmittelbarer Nähe zur französischen Grenze, inmitten des Pfälzerwaldes, besticht die Ferienregion Dahn mit bizarren Felsformationen aus Buntsandstein und mit zahlreichen Burgen und Burgruinen, die von Rittern in dieser sagenumwobenen Gegend errichtet wurden. Hier findet man Ruhe, ein umfangreiches Freizeitangebot und vor allem viel Natur!

Das Dahner Felsenland liegt im größten Waldgebiet Westeuropas mit dem etwas sperrigen Namen »Biosphärenreservat Pfälzerwald-Nordvogesen«. Seltene Tier- und Pflanzenarten bevölkern das Gebiet, das von der UNESCO als erstes grenzüberschreitendes Biosphärenreservat Europas deklariert wurde. Die beiden Campingplätze Büttelwoog und Neudahner Weiher bieten gute Ausgangslagen für Dahn und die Region.

FELSEN, FELSEN UND NOCHMAL FELSEN

Das **Dahner Felsenland** gilt als eines der beeindruckendsten Buntsandstein-Felslandschaften Deutschlands. Alle Felsgebilde und -formationen namentlich zu benennen, würde hier den Rahmen sprengen – stellvertretend seien aber ein paar »Klassiker« genannt: Das Felspaar **»Braut und Bräutigam«** sind wohl die beiden markantesten Felssäulen im Dahner Felsenland. Sie befinden sich in der Ortsmitte von Dahn unterhalb der Jugendherberge und sind das Wahrzeichen des Ferienortes.
Ebenfalls mitten in Dahn prangt der **»Jungfernsprung«**, ein etwa 70 Meter hohes Felsmassiv mit einer Aussichtskanzel nebst Gipfelkreuz. Von dort oben hat man eine sagenhafte Aussicht auf den Ort Dahn. Und auch von der Aussichtskanzel des **»Schwalbenfelsen«** präsentiert sich ein toller Blick. Und da wir gerade Felsformationen im Ort suchen – auch das bizarre Buntsandsteingebilde **»Schillerfelsen«** befindet sich im Ort; dessen Markenzeichen ist der »Durchguck«, das Felstor im Felsturm.
Es folgen auf der Liste der attraktiven Felsen der Ungeheuerfelsen, der 15 Meter hohe Büttelwoogfelsen und der Lämmerfelsen mit seinem beeindruckenden Panorama. Puh, das sind viele Felsen und jeder einzelne ein Highlight. Die gute Nachricht ist: Es gibt eine Chance, all diese Felsen »abzuklappern«. Denn wer gut zu Fuß ist, dem sei der **Dahner Felsenpfad** wärmstens empfohlen. Er ist tatsächlich ein Muss bei einem Besuch in

Dahn, denn komprimierter kann man die Felsformationen und Aussichtsfelsen nicht erreichen.

DER FELSENPFAD IST 12,7 Kilometer lang, beinhaltet aber »nur« 270 Höhenmeter. Mit einer guten Grundkondition, festem Schuhwerk und Trittsicherheit ist er gut zu schaffen. Die Wegmarkierung ist das schwarz-orangefarbene Logo mit der Aufschrift »Dahner Felsenpfad«. Unterwegs treffen wir auf den Schillerfelsen und den Schwalbenfelsen, dann passieren wir eine Felsen-Arena mit verstreut im Fichtenwald liegenden Felsen und kehren unterwegs in der Dahner Hütte im Naturschutzgebiet Moosbachtal ein. Weiter geht's mit dem Hirschfelsen, dem Schusterbänkel und dem Schlangenfelsen – jede einzelne Formation ist etwas ganz Besonderes. Nach dem Ungeheuerfelsen, dem Büttelwoogfelsen und dem Lämmerfelsen geht es durch den Wald und über Wiesen zum Wachtfelsen (besteigbar über eine Stahltreppe), dann heißen uns Braut und Bräutigam willkommen zurück im Ort.

Dahn ist umgeben von bizarren Felsformationen.

◀ Felsen auf dem Dahner Felsenpfad: Schillerfelsen ... ▲ ... Wahrzeichen der Stadt: Braut und Bräutigam ... ▼ ... und Wachtfelsen

BURGEN-TRIO

Eine Attraktion des Ortes sei hier besonders hervorgehoben, und zwar die **Dahner Burgengruppe**. Hierbei handelt es sich um die drei Felsenburgen Altdahn, Grafendahn und Tanstein. Die Gruppe zählt zu den größten Burganlagen der Pfalz und erstreckt sich auf einer Länge von 200 Metern auf fünf Buntsandsteinfelsen. Nicht nur für Fans von Ritterburgen ein absolutes Muss!

Die Burg Altdahn stammt aus dem frühen 13. Jahrhundert. Durch einen schmalen Felsspalt ist sie von der der mittleren Burg Grafendahn getrennt. Die westlichste Burg im Bunde ist Tanstein, die zugleich die älteste der drei Burgen ist (das frühstaufische Mauerwerk weist auf die erste Hälfte des 12. Jahrhunderts hin). Alle drei Burgen haben gemeinsam, dass sich aufgrund ihrer exponierten Lage ein fantastischer Rundumblick bietet.

Die drei genannten Felsenburgen bilden zusammen das **Burgenmassiv Altdahn**. Über schmale Wege und ein Brückchen sind die drei Ruinen miteinander verbunden. Das zum Teil in den Fels gehauene Gemäuer können wir nach Herzenslust durchstöbern. Man kann ein Suchspiel daraus

▲ Ausblick vom Wachtfelsen ◀ Burg Neudahn ▶ Aussichtsreiche Ruine im Burgenmassiv Altdahn

machen, herauszufinden, wo der Abort war, wo die einzelnen Kammern, wo der Torwächterraum, wie man die Burgzinnen erklimmt und wie man sich überhaupt in der verwinkelten Felsenburg-Ruine zurechtfindet. Man gelangt auf vielen Wegen ganz nach oben zu den tollen Ausblicken. Die über Jahrhunderte hinweg ausgetretenen Stufen wechseln mit neuen aus Granit. Der Eintritt in diese authentische Ritterburg ist kostenlos, es gibt ein kleines Museum auf der Burg Altdahn mit Fundstücken. Dieses ist sonn- und feiertags von 12 bis 17 Uhr gegen einen kleinen Obolus geöffnet. Am Zugang zur Burg befindet sich die Burgschänke mit Biergarten. Für das Burgenmassiv sollte man unbedingt ausreichend Zeit einplanen. Vom Parkplatz aus führt ein kurzer, aber äußerst steiler Aufstieg zu den Burgruinen.

Wer sich für die Erkundung der Burg mit Informationen versorgen will, dem sei der Audioguide ans Herz gelegt. An verschiedenen Hörstationen kann man Geschichten, Fakten und Informationen abrufen. Darüber hinaus stehen auch Tafeln mit umfangreichen Erläuterungen bereit, um den Wissensdurst zu stillen.

4

EINE EMPFEHLENSWERTE WANDERUNG hat das **Burgmassiv Altdahn** zum Ziel. Wir wandern auf einer Teilstrecke des Dahner Rundwanderweges, die Wegmarkierung ist eine grüne Tanne auf weißem Untergrund mit der Beschriftung »Dahner Rundwanderweg«. Startpunkt ist der Parkplatz beim Haus des Gastes, von hier geht es über den Ehrenfriedhof und vorbei an der malerischen St. Michaels Kapelle (mit schönem Blick auf Dahn) zum Hochstein – ein als Naturdenkmal ausgewiesenes, mächtiges Felsmassiv. Hier kann man den Kletterern zuschauen und in der Abgeschiedenheit picknicken. Auf den Hochstein kann man hinaufsteigen und einen Panoramablick über die Region genießen. Ein markanter Felsen am Wegesrand weist auf den Abstecher hin. Zurück auf dem Hauptweg bleiben wir auf der Höhe und erreichen das Felsmassiv Altdahn. Von hier aus wandern wir über den Besucherparkplatz zurück in den Ort und zum Ausgangspunkt. Die Strecke beträgt fünf Kilometer. Der gesamte Dahner Rundwanderweg würde sich nach dem Burgenmassiv Altdahn noch weiter nach Osten erstrecken und beinhaltet dann im Westen auch die Burg Neudahn, das sind dann allerdings 17,5 Kilometer Gesamtstrecke.

Drei Felsenburgen bilden zusammen das Burgenmassiv Altdahn.

4

DAHN GIBT ES AUCH ALS ORT

Dahn ist in dieser Region zwar mit knapp 5 000 Einwohnern ein eher »größerer« Ort und bietet auch in Sachen Infrastruktur alles, was man braucht (Läden aller Art sind vorhanden), trotzdem hat sich der Ort auch seinen Charme bewahrt. Felsen rahmen die Gemeinde ein und verleihen Dahn eine ganz besondere Ausstrahlung.

Ein Besuchermagnet im Ort und weithin bekannt ist mit Sicherheit das **Felsland Badeparadies Dahn**. Das ist ein Erlebnisbad mit ganz besonderer Urlaubs-Atmosphäre, in der jeder findet, was er sucht. Das Erlebnisbad bietet vom Außenbecken über die Sonnenwiese, die Riesenrutsche, den Strömungskanal und den Kleinkindbereich alles für Familien. In einer großen Saunalandschaft kann man einen gepflegten Wellnesstag genießen und darüber staunen, wie gut sich das finnische Saunadorf in die Natur Dahns einfügt.

Ein bisschen Kulturluft schnuppern kann man beim **Kunstverein Dahn** im alten Rathaus und in der **Kreisgalerie Dahn**. Der Kunstverein bietet wechselnde Kunstausstellungen. In der Kreisgalerie, die sich in einem alten Schulgebäude befindet, kann man die Dauerausstellungen verschiedener Stiftungen betrachten, die meist einen lokalen Bezug haben. Zudem gibt es monatlich wechselnde Ausstellungen.

Blick auf die Umgebung des Schuhdorfs Hauenstein

Über den Ort Dahn wacht die St. Michaels-Kapelle.

Am Nordende eines langgestreckten Bergrückens thront auf einem der charakteristischen Sandsteinfelsen die **Felsenburg Neudahn**. Sie befindet sich vier Kilometer von dem Burgenmassiv Altdahn entfernt bei den Campingplätzen Moosbachtal und Neudahner Weiher. Von ihr sind fast nur noch Mauerreste vorhanden, jedoch ist der markante Doppelturm mit zwei Meter dicken Mauern mit allen Stockwerken und Gewölben noch erhalten. Außergewöhnlich ist auch die kleine Bastion im Süden der Burg, die von einer vorgelagerten Schildmauer umgeben ist. Malerisch präsentiert sich das Tal des Flusses Lauter unterhalb der Anlage.

HINTERWEIDENTHAL UND HAUENSTEIN

Nur einen Steinwurf von Dahn entfernt erreicht man die beiden Orte Hinterweidenthal und Hauenstein. In **Hinterweidenthal** gibt es etwas ganz Besonderes und zwar nichts Geringeres als das Wahrzeichen der Pfalz: den **Teufelstisch**. Den freistehenden Felsturm, der mit seiner aufliegenden Steinplatte tatsächlich aussieht wie ein einbeiniger Tisch, kann man innerhalb eines Erlebnisparks betrachten. Der 14 Meter hohe Fels erinnert an einen Pilz – zwar gibt es im Pfälzerwald und sogar in direkter Nachbarschaft einige solcher Felsgebilde, sie sind aber alle sehr viel kleiner als der mächtige Vertreter in Hinterweidenthal. Dank seiner exponierten Lage auf einem über 300 Meter hohen Bergrücken kann man dieses als Naturdenkmal gelistete Naturwunder unter anderem auch von der vorbeiführenden Bundesstraße 10 aus bewundern.

4

Das Gelände des **Erlebnisparks Teufelstisch** ist frei zugänglich, ein Wanderweg führt vom Parkplatz aus (auf dem auch drei große Wohnmobilstellplätze zur Verfügung stehen) auf einer Länge von etwa 350 Metern und sanft bergauf (zehn Minuten Gehzeit) zum Teufelstisch. Lediglich das weitere Angebot des Parks (wie zum Beispiel Minigolf) ist kostenpflichtig. Für Kinder ist sicherlich die Riesenrutsche das Highlight, außerdem sind ein Kleinkindspielplatz, ein Labyrinth und ein Höhlengang vorhanden. Die meisten Einrichtungen sind barrierefrei, Hunde sind nicht erlaubt.
Zwölf Kilometer östlich von Hinterweidenthal ist die Gegend rund um den Ort **Hauenstein** ein tolles Urlaubsgebiet. Der Ort ist vor allem für die Schuhherstellung bekannt und kann sich mit seiner **Schuhmeile** mit 25 Schuhgeschäften als größtes **Schuhdorf** der Welt bezeichnen. Das Deutsche Schuhmuseum informiert auf einzigartige Weise über die Geschichte und die Tradition der Schuhherstellung. Zu den Exponaten zählen hauptsächlich die Maschinen der 20er- und 30er-Jahre und natürlich Schuhe – eindrucksvoll beispielsweise ist die Schuhmode der 50er-Jahre. Kombiniert ist das Schuhmuseum mit dem Sportmuseum im obersten Stockwerk des Gebäudes im Bauhausstil, das am Ort einer alten Schuhfabrik errichtet ist. Am Museum befindet sich ein Wohnmobilstellplatz (siehe Auf einen Blick).

HAUENSTEIN IST AUSSERDEM EIN ELDORADO für Outdoor-Enthusiasten. Die Radwanderung **»Queichtal-Radweg«** führt von Hauenstein durch das Queichtal über Wilgartswiesen und Landau entlang der Queich nach Germersheim, wo der Fluss in den Rhein mündet. Die Gesamtstrecke beträgt 58 Kilometer, wofür man ungefähr vier Stunden kalkulieren sollte.

All denjenigen, die die Wanderschuhe schnüren wollen, stehen hierfür sieben Premiumwanderwege zur Verfügung. Da fällt die Auswahl schwer – soll es die kürzere Geiersteine-Tour mit fünf Kilometern sein, die abwechslungsreiche Spirkelbacher Höllenberg-Tour mit acht Kilometern oder der rund fünfzehn Kilometer lange Hauensteiner Schusterpfad? Als besonders schön empfanden wir den Dimbacher Buntsandstein Höhenweg – er bescherte uns eine der überwältigendsten Wanderungen in der ganzen Pfalz.

▲ Auf dem Dimbacher Buntsandstein Höhenweg … ◀ … geht es oft durch enge Felsspalten hindurch. ▶ Berühmter Teufelstisch

LANDSCHAFTLICH UNSCHLAGBAR SCHÖN ist der 9,8 Kilometer lange **Dimbacher Buntsandstein Höhenweg**, der am Wanderparkplatz am Ortseingang von Dimbach startet. Zahlreiche Buntsandsteinfelsen säumen den Weg und es werden die drei Berge Dimberg, Rötzenberg und Immersberg überquert – was fantastische Aussichten mit sich bringt. Zwar sind dafür auch 460 Höhenmeter zu bewältigen, wofür eine gute Grundkondition vorteilhaft ist, aber das ist diese Wanderung wert. Denn kaum eine Tour führt auf einer ähnlichen Länge an so vielen Buntsandsteinfelsen vorbei. Hinzu gesellt sich eine weitere Besonderheit: Mit dem 4-Burgen-Blick präsentieren sich die vier prominenten Burgen Madenburg, Trifels, Neuscharfeneck und Ramburg auf einen Streich. Die Wegmarkierung weiß-rot-schwarzes Schild mit der Aufschrift »Dimbacher Buntsandstein Höhenweg« weist zuverlässig den Weg. Informationstafeln geben Auskunft über die geologischen Besonderheiten des Gebietes.

AUF EINEN BLICK

Info

STADT/REGION: Dahn/Dahner Felsenland
BESTE REISEZEIT: April–Oktober
OPTIMALE REISEDAUER: 2 Tage
TOURISTINFO: Tourist Information Dahner Felsenland, Schulstraße 29, 66994 Dahn, Tel. 06391/91 96 00, info@dahner-felsenland.de, dahner-felsenland.net
Urlaubsregion Hauenstein Tourist-Info, Schuhmeile 1, 76846 Hauenstein, Tel. 06392/9 23 33 80, tourismus@hauenstein.rlp.de, urlaubsregion-hauenstein.de

SEHENSWÜRDIGKEITEN

FELSLAND BADEPARADIES & SAUNAWELT: Eybergstraße 1, 66994 Dahn, Tel. 06391/9 23 42 11, info@felsland-badeparadies.de, felsland-badeparadies.de
KUNSTVEREIN DAHN: Altes Rathaus, Marktstraße 7, 66994 Dahn, info@kunstverein-dahn.de, kunstverein-dahn.de
KREISGALERIE DAHN: Schulstraße 14, 66994 Dahn, Tel. 06391/32 22, lksuedwestpfalz.de/buergerservice/kultur-im-landkreis/kreisgalerie
ERLEBNISPARK TEUFELSTISCH: Im Handschuhteich 31, 66999 Hinterweidenthal, Tel. 06396/99 32 76 oder 06396/2 56, erlebnispark_teufelstisch@gmx.de, hinterweidenthal.de
DEUTSCHES SCHUHMUSEUM: Turmstraße 5, 76846 Hauenstein, Tel. 06392/9233 340, info@museum-hauenstein.de, museum-hauenstein.de

WOHNMOBILSTELLPLATZ BEIM DEUTSCHEN SCHUHMUSEUM

ADRESSE: Turmstraße 5, 76846 Hauenstein, Tel. 06392/9233 340, info@museum-hauenstein.de, museum-hauenstein.de/schuh_museum/Wohnmobilstellplatz
ANFAHRT: Von Hinterweidenthal der B10 in östliche Richtung bis Hauenstein folgen, dort an der Ausschilderung »Deutsches Schuhmuseum« orientieren
GPS: 49.190000, 7.855000

◀ Mitten in Dahn Camping Büttelwoog ▶ Camping Neudahner Weiher

14 Stellplätze in Ortsnähe mit schönem Blick über Hauenstein hinter dem Deutschen Schuhmuseum. Mit Strom, Ver- und Entsorgung und Mitbenutzung der Toiletten während der Öffnungszeiten des Museums. Ebener und teilweise schattiger Platz auf Schotterrasen.

CAMPINGPLATZ BÜTTELWOOG

ADRESSE: Am Campingplatz 1, 66994 Dahn, Tel. 06391/56 22, buettelwoog@t-online.de, camping-buettelwoog.de

ANFAHRT: Von der Ortsmitte Dahn aus über die Hasenbergstraße und Im Büttelwoog bis zum Hotel Felsenland fahren

GPS: 49.144167, 7.766389

Direkt neben dem Badeparadies gelegener Campingplatz mit Kiosk und Gaststätte, Spielplatz und Minigolf in einem Seitental des Dahner Felsenlandes , zentrumsnah. Ruhige Lage. Brötchen- und Zeitungsservice. Große, nicht-parzellierte Stellplätze, auch für größere Wohnmobile geeignet. Direkter Zugang zum Dahner Felsenpfad (siehe Wanderung).

CAMPINGPLATZ NEUDAHNER WEIHER

ADRESSE: Neudahner Weiher 3, 66994 Dahn, Tel. 06391/13 26, kontakt@neudahner-weiher.de, neudahner-weiher.de

ANFAHRT: Von der Ortsmitte Dahn aus über die B427 in südliche Richtung fahren, nach dem Gewerbepark links und gleich wieder links abbiegen, dann rechts auf die Straße Neudahner Weiher.

GPS: 49.164722, 7.754444

Am südlichen Ortsteingang von Dahn gelegener Campingplatz unterhalb der Burgruine Neudahn und am Neudahner Weiher (Stellplätze nahe am Wasser vorhanden). Großer, aber naturnaher Platz mit vielen Rad- und Wanderwegen in unmittelbarer Nähe. Gepflegte Sanitäranlagen. Das Zentrum ist zu Fuß erreichbar. Brötchenservice, Restaurant mit Biergarten, Strom, Wasser, Ver- und Entsorgung.

BILDERBUCHLANDSCHAFT WASGAU

Mit bezaubernden kleinen Ortschaften

Blick vom Pfaffenfelsen auf den Ort Schönau

Die Schönheit und mitunter auch Einsamkeit der Natur im Pfälzerwald kann man an vielen Orten spüren – hier im Wasgau ist diese einzigartige Natur jedoch besonders präsent. So verwundert es auch nicht, dass diese besondere Region als Naturpark & Biosphärenreservat Pfälzerwald von der UNESCO anerkannt ist.

Als Wasgau wird die deutsch-französische Mittelgebirgslandschaft bezeichnet, die vom Südteil des Pfälzerwaldes und den Nordvogesen begrenzt wird. Der Wasgau bildet außerdem den südlichen Teil des Biosphärenreservats Pfälzerwald-Nordvogesen. Vor allem rund um die beiden Mini-Ortschaften Fischbach und Nothweiler gibt es viel zu entdecken in dieser Urlaubs- und Ferienregion.

UMTRIEBIG: FISCHBACH BEI DAHN UND UMGEBUNG

Die Zusatzbezeichnung »bei Dahn« trägt Fischbach trotz der 18 Kilometer Entfernung zum Ort Dahn vor allem zur Abgrenzung vom Ort Fischbach östlich von Kaiserslautern. Das 725 Einwohner »starke« Fischbach bei Dahn hat einige Berühmtheit durch das **Biosphärenhaus Pfälzerwald/Nordvogesen** erlangt. Der ganze Komplex besteht aus vielen einzelnen Angeboten. Herzstück ist der **Baumwipfelpfad** mit einem Aussichtsturm und einer Riesenrutsche am Ende. Der Baumwipfelpfad bietet die Möglichkeit, den Wald aus luftigen Höhen zu betrachten. Es ist der erste seiner Art und er führt in 12 bis 35 Metern Höhe auf festen Holzstegen und Holzbrücken entlang der Baumwipfel des Pfälzerwaldes. Angereichert ist der Baumwipfelpfad mit pädagogischen Stationen.

Im Hauptgebäude des Komplexes, dem **Biosphärenhaus**, erwirbt man nicht nur die Tickets für den Baumwipfelpfad. Es ist zugleich ein Naturerlebniszentrum mit einer vielseitigen Multimedia-Ausstellung. Diesem angegliedert ist das **NaturErlebnisZentrum Wappenschmiede**, ein Veranstaltungsraum mit Übernachtungsmöglichkeiten und Restaurant.

Neben dem Haupthaus befindet sich in idyllischer Waldlage der **Wohnmobilstellplatz** für maximal acht Fahrzeuge (auch große) – jeder Stellplatz verfügt über einen eigenen Stromanschluss (siehe Auf einen Blick). Hier befindet sich auch der Startpunkt für den wunderschönen Erlebnispfad durchs Spießwoogtal.

5

MIT LIEBEVOLL GESTALTETEN STATIONEN, die sich an Spaziergänger jeden Alters richten, spazieren wir auf dem **Biosphären-Erlebnisweg** durchs Spießwoogtal. An den zwölf Stationen kann man in einer Ruheschaukel oder einer Hängematte entspannen, an Experimentierstationen die Natur erforschen oder an Infotafeln Besonderheiten der Region erfahren. Vor dem Umkehrpunkt der insgesamt 2,5 Kilometer langen, ebenen Strecke befindet sich traumhaft schön gelegen der Spießwoog. Ein Holzsteg führt über den malerischen See. Von einem kleinen Aussichtsturm neben einer Ziegenweide blicken wir auf eine große Wiese und die umgebenden Berge. Hier kann man so richtig die Seele baumeln lassen!

Zurück am Startpunkt des Erlebnisweges können wir in einem **Hofladen** regionale Produkte erwerben, die Kinder auf dem **Abenteuerspielplatz** toben lassen oder in der **Falknerei** eine Flugvorführung anschauen. Man sollte für das gesamte Angebot des Biosphärenhauses einen ganzen Tag einplanen, um alle Angebote wahrnehmen zu können.
Vom Campingclub Pirmasens (siehe Auf einen Blick) gut erreichbar ist der kleine Luftkurort **Ludwigswinkel**. Neben einer Minigolfanlage, einem Spielpark für Kinder und einem Skulpturenweg, Radwanderungen und gemütlichen Spaziergängen ist vor allem der **Barfußpfad** eine Attraktion. Er befindet sich neben der Minigolfanlage, dem Abenteuerspielplatz, der

◀ Entrée des Biosphärenhauses ▶ Interaktive Ausstellung

Highlight des Biosphärenhauses ist der Baumwipfelpfad.

Tourist Information und einem Wohnmobilstellplatz. Am Parkplatz und am Schuhdepot/Kiosk beim Freizeitpark Birkenfeld und direkt neben der Straße K43 geht es los über ein weitläufiges Terrain und über zehn Stationen, die wohltuend auf Leib und Seele wirken. Der Barfußpfad ist insgesamt 1,6 Kilometer lang. Hunde sind nicht erlaubt.

IM ORTSZENTRUM VON LUDWIGSWINKEL kann man sich im empfehlenswerten **Restaurant Zum Landgrafen** leckere Gerichte in großen Portionen schmecken lassen. Auf der Speisekarte wird jeder fündig, die Preise sind moderat und speisen kann man im großzügigen Innen- oder einem kleineren Außenbereich. Landgrafenstraße 33, 66996 Ludwigswinkel, Tel. 06393/4 05, zumlandgrafen.de.

HISTORIE UND GEOLOGIE DER EXTRAKLASSE

Unweit von Ludwigswinkel findet man mit dem ehemaligen Sonderwaffenlager **Area 1** einen Lost Place der besonderen Art. Auf einem verlassenen Gelände sind mit Graffiti verzierte Gebäude und ein Turm Relikte aus der Zeit des Kalten Krieges. In diesem Sonderwaffenlager der NATO wurden vermutlich auch Atomwaffen gelagert. Auf detaillierten Informationstafeln wird die Funktion eines solchen Waffenlagers im Allgemeinen und die des Depots bei Ludwigswinkel im Besonderen erläutert. Das Innere des Wachgebäudes, der Kampfstände sowie des Munitionsbunkers kann man bei freiem Eintritt besichtigen. Heute hat sich die Natur das Gelände eindrucksvoll zurückerobert – das verleiht dem ganzen Areal eine geheimnisvolle Ausstrahlung.

5

Die Area 1 ist sowohl mit dem Wohnmobil über eine zwar legale, aber nicht ausgeschilderte Fahrt durch den Wald erreichbar (um es zu finden, muss man sich mit dem Navigationsgerät oder Google Maps behelfen) oder im Rahmen einer Radtour vom Campingclub Pirmasens aus (siehe Auf einen Blick). Vom Dorfplatz in Ludwigswinkel aus führt ein 1,4 Kilometer langer Rundweg zum Ausstellungsgelände, der Weg folgt der Ausschilderung »Rumberg-Steig« (im Uhrzeigersinn).

Nachdem wir so tief in die Geschichte eingestiegen sind, nehmen wir uns noch ein bisschen Geologie vor. Diesmal haben wir es mit einem Naturdenkmal zu tun, und zwar den **Altschlossfelsen** bei Eppenbrunn. Das ist eine 1,5 Kilometer lange Buntsandstein-Felsgruppe, deren höchste »Türme« bis zu 30 Meter hoch sind. Schmale Pfade schlängeln sich an der in allen Rottönen schillernden Sandsteinformation vorbei, man kann um die Sandsteintürme und -wände herum oder auch durch sie hindurchgehen und dabei die mystische Atmosphäre besonders gut spüren. Dieses Naturwunder ist nur zu Fuß erreichbar – eine wunderschöne Wanderung führt uns dorthin und im weiteren Verlauf sogar für ein paar Schritte nach Frankreich.

In die Natur integriert hat sich die Area 1.

In allen Rottönen leuchten die Altschlossfelsen.

DIE WANDERUNG ZUM ALTSCHLOSSFELSEN startet am Wanderparkplatz Spießweiher (dieser befindet sich südlich der Ortschaft Eppenbrunn und ist eine kurvenreiche, etwa 16 Kilometer lange Wohnmobilfahrt von Ludwigswinkel entfernt). Wir folgen der Ausschilderung **»Helmut-Kohl-Wanderweg«** und erreichen nach 1,5 Kilometern auf einem breiten, geschotterten Forstweg die Abzweigung zum Altschlossfelsen. Dieser und der »Altschlosspfad« sind nach links und einen schmalen Pfad hinauf ausgeschildert. Nach einem kurzen, steilen Anstieg sind die majestätischen Altschlossfelsen erreicht. Man sollte viel Zeit einplanen, um diese ausführlich zu erforschen. Statt denselben Weg zurückzugehen, folgen wir weiter den Wegmarkierungen »Altschlosspfad«, laufen unter Felsüberhängen hindurch und erhaschen noch einmal Blicke nach oben zu den Altschlossfelsen. Schließlich erreichen wir den Grenzstein zwischen Deutschland und Frankreich, wenden uns nach scharf links, bleiben kurz auf französischem Boden, passieren ein französisches Militärgebiet (rechterhand) und treffen wieder auf Deutschland und einen breiten Forstweg. Dieser bringt uns zum Aufstieg zu den Altschlossfelsen und von dort den bekannten Weg zurück zum Parkplatz.

5

GERUHSAMES NOTHWEILER – LANDSCHAFTSHIGHLIGHT

Die Ansiedlung Nothweiler als Ort zu bezeichnen, erscheint vielleicht übertrieben – mit sage und schreibe 164 Einwohnern! Dafür sind die kleine, verträumte und wie vergessen daliegende Ortschaft und ihre Umgebung ein Eldorado für Wanderer, Spaziergänger, Radfahrer, Mountainbiker und Kletterer. Attraktiv ist Nothweiler außerdem wegen der Nähe zu Frankreich und der Lage inmitten des grenzüberschreitenden Biosphärenreservates. Von weit her kommen Wanderer-Enthusiasten vor allem wegen der legendären 4-Burgen-Tour. Das ist kein Geheimtipp, aber vier so eindrucksvolle Burgruinen auf einen Schlag und auf einer vergleichsweise kurzen Wanderung bekommt man nicht alle Tage präsentiert.

DER OFFIZIELLE PARKPLATZ der mittelalterlichen Burgruine Fleckenstein (auf französischer Seite) ist der Startpunkt zur **4-Burgen-Tour Nothweiler**. Die Burg mit ihrem Besucherzentrum ist auch schon nach einem kurzen Spaziergang erreicht, die Wegmarkierung ist eine schwarze Burg auf weißem Untergrund. Über den Sentier des Roches geht es zum Langenfels, durch ein Felslabyrinth und über den Krappenfels mit grandioser Aussicht zur Ruine Loewenstein. Eine Stahltreppe führt auf die Aussichtsplattform. Unmittelbar danach folgt die Hohenbourg, ebenso wie die Vorgängerburg eine Felsenburg vermutlich aus dem 13. Jahrhundert. Und ebenfalls mit sensationeller Aussicht! Am Maidenbrunnen machen wir einen kurzen Abstecher nach Deutschland zur Wegelnburg, eine ehemalige Reichsburg mit Resten von Toren, Gebäuden, Felskammern und Ringmauern. Auf 572 Metern Höhe gelegen, ist es die höchste Burganlage der Pfalz mit entsprechendem Panoramablick. Die Wegelnburg ist der Umkehrpunkt der Wanderung. Nun nähern wir uns einer ganz besonderen Einkehr bei der Ausflugsgaststätte Gimbelhof. Frisch gestärkt marschieren wir von dort mit einem letzten Blick auf die Burganlage Fleckenstein zurück zum Parkplatz. Die Gesamtstrecke beträgt 7,4 km mit 250 Höhenmetern, was ohne Pause in 2,5 Stunden gut zu schaffen ist.

▲ Die Wegelnburg wurde jüngst umfangreich restauriert. ◀ Abenteuerliche Eroberung der Hohenbourg! ▶ Die Belohnung wartet beim Gimbelhof.

▲ Besucherhighlight Burg Fleckenstein ◀ Wallfahrtskapelle St. Anna
▶ Verträumt: die kleine Nardini Kapelle bei Bundenthal

Wer nicht die Wanderschuhe schnüren, aber trotzdem Mittelalterluft schnuppern möchte, hat bei der Burg Fleckenstein die Möglichkeit zur Besichtigung. Sie ist am einfachsten erreichbar. Auf dem großen, offiziellen Parkplatz finden auch Wohnmobile gut Platz. Dann folgt ein 500 Meter langer Spaziergang durch den Wald zum Besucherzentrum der Burg, wo man Tickets für den Eintritt lösen oder eine Führung buchen kann. Weitere 250 Meter (bergauf) später erfolgt der Zugang zu der mächtigen und weithin sichtbaren Mittelalterburg auf einem riesigen Sandsteinfelsen. Die Burg aus dem 12. Jahrhundert verteidigt heute als historisches Denkmal immer noch eindrucksvoll ihren Ruf als uneinnehmbare Festung. Es gibt viel zu schauen und zu entdecken, man sollte sich mit und ohne Führung Zeit für diese prächtige Burg nehmen. Zurück am Besucherzentrum kann man sich am Picknickplatz ein Vesper schmecken lassen oder im Café Des 4 Châteaux einkehren.

5

NAHE DER BURG und mit dem Wohnmobil von Frankreich aus direkt erreichbar ist die **Ausflugsgaststätte Gimbelhof** (drei Kilometer südlich von Nothweiler). Mitten in die Natur gebettet mit Blick auf die Burg Fleckenstein, einem wunderschönen Außenbereich und vor allem natürlich leckerer Elsässer Küche ist der Gimbelhof ein ganz besonderes Ausflugsziel. Ferme Gimbelhof, Tel. +33 (0) 388/94 43 58, gimbelhof.com.

Eine Attraktion ganz anderer Art in dieser Grenzregion ist das technische Kulturdenkmal **Sankt Anna Stollen**. Das Besucherbergwerk kann man über einen 420 Meter langen Rundgang kennenlernen, bei dem man allerhand über den Bergbau und die Erzgewinnung erfährt. Besichtigt werden können ein Sturzschacht oder Dome mit ihren bunten Eisenerzadern. Führungen finden von April bis Oktober stündlich statt und dauern 45 Minuten. Jährlich überwintern etwa 500 Fledermäuse im Erzbergwerk. Und apropos St. Anna: Die heilige Anna ist die Patronin der Bergleute und Schiffer. Einen Steinwurf von Nothweiler entfernt findet man dann auch am Straßenrand der L478 Richtung Budenthal die bezaubernde kleine **St. Anna Kapelle**. Die Wallfahrtskapelle wurde um 1400 als Marienkapelle im spätgotischen Stil erbaut und seitdem mehrfach zerstört und neu errichtet. Die Altarplatte stammt noch aus der Erbauungszeit, sehr schön auch das Gnadenbild eines Bildhauers aus Bad Bergzabern und die Kanzel aus einem Sandsteinmonolith.

Nur wenige Kilometer westlich und bereits im Ortsbereich von Bundentahl ist die kleine, idyllisch gelegene **Nardini Kapelle** – ein idealer Ort zum Innehalten und Genießen der Natur. Die noch recht junge Kapelle (die Raumgestaltung stammt aus dem Jahr 1982) ist vor allem bekannt für ihre farbenfrohen Buntglasfenster.

Zehn Kilometer westlich von Nothweiler (und nur über einen Schlenker über den Ort Rumbach erreichbar) ist in Schönau der Pfaffenfelsen einen Ausflug wert. Es ist ein Aussichtsfelsen mit einer abgesicherten Aussichtskanzel, die über eine Stahlleiter bestiegen werden kann. Der Panoramablick auf Schönau und den Pfälzerwald ist überwältigend!

Tipp

AUF EINEN BLICK

Info

STADT/REGION: Wasgau/Pfälzerwald-Nordvogesen
BESTE REISEZEIT: Mai–September/Oktober
OPTIMALE REISEDAUER: 2–3 Tage
TOURISTINFO: Gemeinde Fischbach bei Dahn, Hauptstraße 37, 66996 Fischbach bei Dahn, Tel. 06393/2 04, fischbach-bei-dahn.de

SEHENSWÜRDIGKEITEN

BIOSPHÄRENHAUS PFÄLZERWALD-NORDVOGESEN: Am Königsbruch 1, 66996 Fischbach bei Dahn, Tel. 06393/9 21 00, biosphaerenhaus.de
BARFUSSPFAD LUDWIGSWINKEL: An der K43, 66996 Ludwigswinkel
AREA 1: 66996 Fischbach bei Dahn, (Koordinaten: 49.066111, 7.665833), info@ig-area-one.de, ig-area-one.de
BURG FLECKENSTEIN: Lieu-dit Fleckenstein, 67510 Lembach, Frankreich, Tel. +33 (0)388/94 28 52, fleckenstein.fr/de
SANKT ANNA STOLLEN: Am Kohlberg, 76891 Nothweiler, Tel. 0176/25 51 01 21, nothweiler.de/erzgrube.html
ST. ANNA KAPELLE: L478, 76891 Niederschlettenbach
NARDINI KAPELLE: Friedhofstraße, 76891 Bundenthal

WOHNMOBILSTELLPLATZ AM BIOSPHÄRENHAUS

ADRESSE: Am Königsbruch 1, 66996 Fischbach bei Dahn, biosphaerenhaus.de/biosphaerenhaus/aussengelaende/wohnmobil-stellplatz
ANFAHRT: In Fischbach der Ausschilderung Biosphärenhaus Richtung Osten folgen, nach dem Parkplatz des Biosphärenhauses links in den Wald fahren
GPS: 49.087500, 7.726944
Nicht nur perfekt in die Natur geschmiegt, sondern auch mit optimaler Ausgangslage direkt neben dem Biosphärenhaus und seinen diversen Einrichtungen punktet dieser schattige Stellplatz auf natürlichem Untergrund. Kein Parkplatz-Charakter und nur eine überschaubare

◀ Auf dem Biosphären-Erlebnisweg ▲ Beschaulicher Platz des Campingclubs Pirmasens ▼ Stellplatz im Wald am Biosphärenhaus

Anzahl von fünf bis acht Wohnmobilen erlaubt – je nach Größe, denn es haben auch große Wohnmobile Platz. Jeder Stellplatz mit eigenem Stromanschluss über Münzsäule, ansonsten keine Infrastruktur. Grillhütte in Stellplatznähe.

CAMPINGCLUB PIRMASENS

ADRESSE: Schöntalstraße 11, 66996 Ludwigswinkel,
Tel. 06393/17 93, waldcamping@campingclub-primasens.net,
campingclub-primasens.net

ANFAHRT: Von Fischbach bei Dahn aus in westliche Richtung nach Ludwigswinkel fahren, dort vor dem Mühlweiher Saarbach auf die linke Seite wechseln. Rechts auf Landgrafenstraße abbiegen, dann über Wasgaustraße und Wohngebiet bis Schöntalstraße, an deren Ende linkerhand der Campingplatz liegt

GPS: 49.083056, 7.652778

Gepflegter und persönlich geführter Platz inmitten des Pfälzerwaldes zwischen Ludwigswinkel und Fischbach nahe der Grenze zum Elsass in absolut ruhiger Lage am Ende eines Wohngebietes. Rundum von Wald umgeben. Moderne Sanitäranlagen, Gaststätte mit Biergarten und Kinderspielplatz vorhanden. Vor allem im hinteren Bereich schattige und großzügige Stellplätze. Überschaubare Größe, kein Massenplatz.

HIER SCHLÄGT DAS HERZ DER PFALZ

Bad Dürkheim ist das geografische Zentrum

Attraktion Nummer 1: das Dürkheimer Riesenfass

Am Rande des Pfälzerwaldes, zwischen Wald, Wein und an einem Nebenfluss des Rheins, liegt an der Deutschen Weinstraße die Kurstadt Bad Dürkheim. Neben den beiden Berühmtheiten Dürkheimer Riesenfass und Dürkheimer Wurstmarkt gibt es ein buntes Gästeprogramm sowie historische und besondere Ziele im Ort und darum herum.

Nicht nur der kleine, beschauliche Isenachweiher oder die imposante Klosterruine Limburg, sondern auch das schnuckelige Weindorf Neuleiningen oder Freinsheim mit der mittelalterlichen Stadtmauer sorgen in der Umgebung von Bad Dürkheim für viel Abwechslung. Mit dem Campingpark Bad Dürkheim hat man stadtnah eine sehr gute Ausgangslage für alle Aktivitäten.

ZWEI SUPERLATIVE

Es ist vor allem die eine Attraktion, die Besucher aus Nah und Fern nach **Bad Dürkheim** lockt: das **Dürkheimer Riesenfass**. Das größte Weinfass der Welt hat ein Fassungsvermögen von 1,7 Millionen Litern und repräsentiert als Denkmal den deutschen Wein. Allerdings ist das Riesenfass nicht mit Wein gefüllt und war es auch nie, sondern beherbergt ein Restaurant. Man hat jedoch auch im Inneren auf ein der äußeren Form entsprechendes Design geachtet. So sind beispielsweise im Erdgeschoss die Wände mit handgeschnitzten Eichenholz-Fassböden verkleidet. Im Sommer lädt der Weingarten im Außenbereich zu einem gemütlichen Päuschen im Schatten des Riesenfasses ein.

Das Fass befindet sich auf dem Gelände des **Wurstmarktes** und damit sind wir beim zweiten Besuchermagnet Bad Dürkheims. Immer am zweiten und dritten September-Wochenende findet dieses Volksfest der Extraklasse statt und gilt mit über 600 000 Gästen als das größte Weinfest der Welt. Seit dem Jahr 1417 wird das Fest ursprünglich als Michaelsfest auf dem kleinen Michaelsberg veranstaltet. Im Laufe der Jahrhunderte wurde die Veranstaltung immer größer, die Location wechselte und erlangte schließlich 1966 den Status als größtes Weinfest der Welt. Ein hochwertiges Wein- und Sektangebot, ein buntes Programm mit Musik, Pfälzer Mundart und historischen Darbietungen sind das Markenzeichen

6

dieser Veranstaltung. Zahlreiche Fahrgeschäfte und ein weithin sichtbares Riesenrad gehören ebenfalls mit dazu.

WOHLTUENDES IN DER KURSTADT

Eine Besonderheit in der Kurstadt ist sicherlich auch der Gradierbau. Dabei handelt es sich um eine Anlage, die durch das sogenannte Gradieren den (Koch-)Salzgehalt in einer Sole erhöht. Über mit Reisigbündel aufgeschichtete Reisigwände rieselt Salzwasser aus einer Heilquelle, das verdunstet. Die salzhaltigen Tröpfchen kann man auch in der Umgebung des Gradierwerkes inhalieren, sodass ein Gang entlang der 333 Meter langen, interessanten Anlage auch einen wohltuenden Effekt auf Lunge und Bronchien hat. Der Gradierbau ist einer der längsten seiner Art Deutschlands und hat für Bad Dürkheim den Status eines Wahrzeichens – zusammen mit dem Riesenfass.

Tipp

Wer mehr über den Gradierbau, seine Geschichte und Funktionsweise erfahren möchte, dem sei die Gästeführung »Von der Salzgewinnung zum Kurbad« für einzelne Gäste und kleinere Gruppen empfohlen. Informationen hierzu sowie Tickets sind bei der Tourist Information erhältlich.

Einladende und gepflegte Innenstadt von Bad Dürkheim

Der Flaggenturm ist von Bad Dürkheim aus schnell erreicht.

Der Gradierbau liegt im **Kurpark**, der so richtig zur Entschleunigung einlädt. Ein Picknick mitten im Grünen und im Herzen der Stadt wäre toll, ebenso ein Spaziergang über die elf romantisch angelegten Brückchen. Im Frühjahr ist das besonders zauberhaft, wenn die Magnolienbäume blühen. Man kann aber auch aktiv werden, auf Trittsteinen seine Balance unter Beweis stellen oder eine Runde Minigolf spielen.
Für das pure Wellness-Erlebnis findet man direkt neben dem Kurpark das **Freizeitbad Salinarium**. Mit großen Innen- und Außenschwimmbecken (letzteres ein Sole-Bad mit Thermalwasser), Wasserfall, Rutsche, Whirlpool und Gegenstromanlage und einem Planschbecken mit Mini-Rutsche haben Besucher jeden Alters ihren Spaß. Außerdem ist eine Sauna-Anlage mit mehreren Saunen und Dampfbädern vorhanden. Entspannung für Körper und Geist gibt es im **Hamam Bad Dürkheim** – das ist ein Bad zur Reinigung und Pflege von Körper und Seele (Hamam bedeutet »wärmen«). Man kann sich mit Massagen, Spa und kosmetischen Behandlungen verwöhnen lassen.

UM BAD DÜRKHEIM HERUM

Ganz nah um die Stadtgrenzen herum reihen sich um Bad Dürkheim einige Sehenswürdigkeiten und Attraktionen, die alle entweder geschichtlich, landschaftlich oder in Sachen Freizeitwert bedeutsam sind.

Majestätische Wachtenburg oberhalb von Wachenheim

Starten wir im Süden von Bad Dürkheim und arbeiten uns einmal im Uhrzeigersinn um die Stadt herum: Ganz am Rande des südlichen Stadtgebietes befindet sich der **Flaggenturm**, der wegen seiner Form auch liebevoll »Kaffeemühlchen« genannt wird. Der zweigeschossige Turm thront auf einem Hügel, wodurch eine schöne Rundum-Aussicht gewährt wird. Das Besondere an dem Sandsteinturm in neugotischem Stil sind der achteckige Grundriss und die bunte Glaskunst in der Tür und den Fenstern – hier sind die vier Jahreszeiten dargestellt. Über eine außenlaufende Treppe gelangt man auf die Aussichtsplattform.
So richtig beeindruckend ist ein Besuch der **Wachtenburg** in Wachenheim. Bei dem beliebten Ausflugsziel handelt es sich um die Ruine einer Salierburg aus dem 12. Jahrhundert. Wegen ihrer Lage auf einem 232 Meter hohen Bergsporn und der damit verbundenen fantastischen Ausblicke in die Umgebung trägt die Wachtenburg den Beinamen »Balkon der Pfalz«. Getoppt wird der Blick noch, wenn man den Aussichtsturm besteigt – dann reicht die Sicht bis in die Rheinebene und bis zum Schwarzwald. Es gibt außerdem ein kleines Burgmuseum und eine Burgschänke, deren Sitzgruppen der Außengastronomie wunderbar in die Zinnen der Burg eingefügt sind. Im Ort Wachenheim kann man das Wohnmobil auf einem großen Parkplatz in der Waldstraße abstellen und in 15 Minuten zur Burgruine hinauflaufen.

6

HAT MAN SCHON EINMAL den Aufstieg zur Wachtenburg hinter sich gebracht, lohnt eine kurze, aber sehr schöne **Wanderung zum Basaltsee**. Hierzu folgen wir ab der Burg der Wegmarkierung Pfälzer Weinsteig und einem geschotterten, eben verlaufenden Weg, der schließlich in einen schmalen Waldpfad mündet. Wir passieren eine grüne Bank an einer Kreuzung mit vielen Abzweigungen und halten uns scharf links. Wieder gehen wir auf einem breiten, geschotterten Weg, von dem wir nach rechts und zum Ufer des Basaltsees abbiegen. Hier genießen wir die Idylle und vielleicht ein Picknick am Seeufer, dann geht es zurück über den Schotterweg und schließlich nach links und entlang der Weinberge zurück Richtung Wachenheim. Auf diesem Streckenstück wäre Thomas' Waldweinstube eine wunderbare Möglichkeit, noch direkt am Weg einzukehren und Pfälzer Spezialitäten zu genießen! Die Gesamtstrecke (inklusive Aufstieg zur Burg) beträgt 7,5 Kilometer und 220 Höhenmeter.

◀ Ortsmitte von Wachenheim ▲ Weg von der Wachtenburg zum …
▼ .. idyllischen Basaltsee

6

Tipp

Wachenheim ist für den gleichnamigen Sekt »Schloss Wachenheim« bekannt, für den das Winzeranwesen Palais Schloss Wachenheim in der Kommerzienrat-Wagner-Straße 1 in Wachenheim einen Standort bietet. Hier kann man den Sekt probieren, natürlich auch kaufen und Kleinigkeiten dazu essen. palais-schloss-wachenheim.de.

Von Wachenheim ist es ein kurzer Schlenker von knapp acht Kilometern Richtung Südwesten, dann steht man mitten im Pfälzerwald vor den Pforten des **Kurpfalz-Parks**. Hier erwartet Besucher jeden Alters eine Mischung aus Natur und Fahrgeschäften: Mit Waldlehrpfad, Wild- und Wolfsgehege, Wildlehrschau und Greifvogel-Flugschau wird dem Naturaspekt Rechnung getragen, mit etlichen Fahrgeschäften und den beiden Riesen-Coastern dem Spaß-Aspekt.

Wir wenden uns von Bad Dürkheim aus gesehen gen Westen und besichtigen die ebenso geschichtsträchtige wie malerische **Klosterruine Limburg**. Die ehemalige Benediktinerabtei überragt von ihrer erhabenen Position aus so ziemlich das ganze Tal. In den alten Gemäuern herumzustöbern und die Geschichte dieses Bauwerks hautnah zu spüren ist genauso eindrucksvoll wie eine Führung. Oder, ganz exklusiv, ein sommerliches Konzert im Rahmen des Open Air Festivals »Limburg Sommer«. Das Kloster, das vom 11. Jahrhundert bis zur Reformation bestand, ist im romanischen Stil errichtet und zählt zu den bedeutendsten Denkmälern der frühsalischen Baukunst. In der ehemaligen Sakristei ist die Klosterschänke KONRAD2 untergebracht.

Ebenso historisch bedeutsam und pittoresk präsentiert sich die **Schloss- und Festungsruine Hardenburg**. Ursprünglich Anfang des 13. Jahrhunderts als einfache Höhenburg erbaut, wurde die Anlage im 16. Jahrhundert zu einer mächtigen Renaissance-Residenz mit Bollwerken, Geschütztürmen und Wehrgängen ausgebaut. Die noch vorhandenen Burgfragmente zeugen noch heute von der Wehrhaftigkeit der Burg. In einem sehr empfehlenswerten, sehr detailgetreu und anschaulich mit vielen multimedialen Elementen gestalteten Informationszentrum kann man mehr über die Geschichte der Hardenburg und ihrer Herrscher und Bewohner erfahren. Wir nehmen eine Auszeit von der Historie, es zieht es uns in die Natur.

▲ Traumhaft gelegener Isenachweiher ◀ Geschichtsträchtig: Klosterruine Limburg ▶ Rasanter Fahrspaß im Kurpfalz-Park

Wir besuchen den **Isenachweiher**, ein Stausee des Flüsschens Isenach, das wiederum ein Nebenfluss des Rheins ist. Am Ufer des Isenachweiher können wir entlangflanieren oder wir erkunden den Stausee mit dem Tretboot, das wir an der Bootsanlegestelle beim Forsthaus zur Isenach (siehe Tipp) mieten können. Bei einem Spaziergang am Seeufer entlang können wir auf den vielen halb versteckten Bänken mit Seeblick Platz nehmen. Aber auch eine längere Wanderung durchs Wolfental, dessen Endpunkt dann der Weiher ist, ist möglich. Startpunkt für die 6,6 Kilometer lange Tour ist der Wanderparkplatz beim Waldhaus Wolfental westlich vom Isenachweiher an der B37.

Höchst idyllisch sitzt man im Außenbereich der Ausflugsgaststätte Forsthaus zur Isenach, wo eine Weinschorle im Dubbeglas gleich noch mal so gut schmeckt. Das urige Blockhaus ist ein ehemaliges Wärterhaus. Pfälzer und andere Gerichte verwöhnen den Gaumen, während man den Blick auf den Weiher genießt. forsthaus-isenach.de.

Neuleiningen ist ein Ort mit toskanischem Flair.

Bevor wir uns zwei hübsche Weindörfer anschauen, schnuppern wir noch einmal Geschichtsluft. Das **Römische Weingut Weilberg** ist ein ehemaliges Landgut, 3,5 Kilometer nördlich von Bad Dürkheim. Wie im Forum Romanum fühlt man sich bei einer Begehung der erst 1981 freigelegten Kelteranlage und Villa. Bei der Villa handelt sich um das wohl größte römische Landgut der Pfalz. Schön restauriert kann man sich gut vorstellen, wie prunkvoll das einstmals 150 Meter lange Hauptgebäude mit seiner säulengeschmückten Front gewirkt hat. In der unterhalb der Villa gelegenen Kelteranlage kann man heute noch nachvollziehen, wie die Römer Wein erzeugten.

IM FRÜHSOMMER FINDET das **»Weinfest an der Römerkelter«** unter dem Motto »Nunc vino pellite curas« – »Nun vertreibt mit Wein die Sorgen« – statt. Es werden römische Speisen zu Sekt und Wein vom Weilberg gereicht. Veranstaltungsort ist die Römerkelter in der Weinbergstraße, Bad Dürkheim.

ZWEI HERAUSRAGENDE EXEMPLARE

Malerische Weindörfer gibt es in der Pfalz wie den sprichwörtlichen Sand am Meer. In der Umgebung von Bad Dürkheim sind jedoch zwei Vertreter ganz besonders hervorzuheben: Freinsheim und Neuleiningen. **Freinsheim** liegt keine sieben Kilometer nordöstlich von Bad Dürkheim und besticht vor allem mit der fast vollständig erhaltenen, spätgotischen Stadtmauer mit ihren Türmen und Toren. Das ist wie ein Gang durchs Mittelalter! Im barocken Zentrum der 5 000-Seelen-Gemeinde befinden sich das schick herausgeputzte Rathaus und die protestantische Stadtkirche sowie das Historische Spielzeugmuseum. Nebenbei ist Freinsheim landschaftlich auch höchst reizvoll und hat vorzügliche Weine und eine breit gefächerte Gastronomie zu bieten.

Neuleiningen steht dem in nichts nach. Das historische Burg- und Weindorf glänzt mit seiner gleichnamigen Burg, die auf einem Hügel thront und den Ort um sich herum gruppiert. Umgeben ist diese schon fast toskanische Kulisse vom Pfälzerwald im Südwesten und dem Nordpfälzer Bergland. Im Osten breitet sich hinter den Rebhügeln die Oberrheinische Tiefebene aus. Auch in diesem 800 Jahre alten Dorf mit seinen knapp 1 000 Einwohnern fühlt man sich ins Mittelalter zurückversetzt – die Stadtmauer, Fachwerkhäuser, Türme und die Kirche St. Nikolaus machen einen Bummel durch die engen Straßen und gepflasterten Treppengässchen zum Erlebnis.

Die **Burg Neuleiningen** ist zwar de facto eine Burgruine, allerdings eine sehr gut erhaltene. An jeder Ecke der quadratischen Anlage befindet sich ein großer Turm. Die restaurierte Burgschänke in einem Sandsteingewölbe und im Stil des 16. Jahrhunderts gilt als eine der schönsten der Pfalz. Im Sommer findet mit dem Neuleininger Burgsommer eine renommierte Veranstaltung statt, bei der auch bekannte Musiker auftreten.

Die Burg Neuleiningen bewacht die schmucke Altstadt.

AUF EINEN BLICK

Info

STADT/REGION: Bad Dürkheim/Landkreis Bad Dürkheim
BESTE REISEZEIT: April–Oktober
OPTIMALE REISEDAUER: 2–3 Tage
TOURISTINFO: Tourist Information Bad Dürkheim, Kurbrunnenstraße 14, 67098 Bad Dürkheim, Tel. 06322/93 51 40, info@bad-duerkheim.de, bad-duerkheim.de/kultur-tourismus

SEHENSWÜRDIGKEITEN

DÜRKHEIMER RIESENFASS: St. Michaels-Allee 1, 67098 Bad Dürkheim
GRADIERWERK: Salinenstraße 17, 67098 Bad Dürkheim
FREIZEITBAD SALINARIUM: Kurbrunnenstraße 28, 67098 Bad Dürkheim, Tel. 06322/93 58 65, salinarium@bad-duerkheim.de, salinarium.de
HAMAM BAD DÜRKHEIM TÜRKISCHES BADEHAUS: Kurbrunnenstraße 14, 67098 Bad Dürkheim, Tel. 06322/94 50 81, info@hamam-badduerkheim.de, hamam-badduerkheim.de
BURGRUINE WACHTENBURG: Schlossgasse 29, 67157 Wachenheim, wachtenburg.de
KURPFALZ-PARK: Rotsteig, 67157 Wachenheim, Tel. 06325/20 77, info@kurpfalz-park.de, kurpfalz-park.de
KLOSTERRUINE LIMBURG: Luitpoldweg 1, 67098 Bad Dürkheim
SCHLOSS- UND FESTUNGSRUINE HARDENBURG: Kaiserslauterer Straße 393, 67098 Bad Dürkheim, Tel. 06322/75 30, hardenburg@gdke.rlp.de, schloss-hardenburg.de
RÖMISCHES WEINGUT WEILBERG: Weinbergstraße, 67098 Bad Dürkheim

WOHNMOBILSTELLPLATZ IN DER SILZ

ADRESSE: In der Silz, 67098 Bad Dürkheim
ANFAHRT: Vom großen Kreisverkehr in der Ortsmitte der L517 in nördliche Richtung fahren, der Stellplatz folgt rechterhand.
GPS: 49.469444, 8.167778

Wohnmobilstellplatz in der Silz

90 Stellplätze auf Wiesenuntergrund am Stadtrand von Bad Dürkheim und mit Blick auf das Riesenfass. Umgeben von Weinbergen. Gute Ausgangslage sowohl für die Stadtbesichtigung als auch für die Erkundung der Umgebung. Mit Frischwasser, Strom (großzügig bemessene Verlängerungskabel notwendig), Ver- und Entsorgung sowie Abfallentsorgung. Reservierungen nicht möglich. Während des Dürkheimer Wurstmarktes ist der Stellplatz nicht nutzbar, da er als reiner Parkplatz benötigt wird.

KNAUS CAMPINGPARK BAD DÜRKHEIM

ADRESSE: In den Almen 1, 67098 Bad Dürkheim, Tel. 06322/6 13 56, badduerkheim@knauscamp.de, knauscamp.de/bad-duerkheim
ANFAHRT: Vom Zentrum Bad Dürkheim über die B37 in Richtung Nordosten fahren, bis links die Kanalstraße abzweigt. Abbiegen und gleich wieder rechts auf die Zufahrtsstraße zum Platz
GPS: 49.473611, 8.191667
Riesengroßer Platz am Rand von Bad Dürkheim und nur einen Spaziergang vom Zentrum entfernt. Viele Dauercamper. An einem See (Almensee) gelegen mit Stellplätzen direkt am Wasser (auch für Wohnmobile). Shop mit Brötchenservice und Campingartikel sowie Restaurant vorhanden, ebenso Waschmaschine und Wäschetrockner. Spielplatz, Tennis und Tischtennis, Beachvolleyballfeld und Bolzplatz. Strom, Ver- und Entsorgung. Vor der Schranke zusätzliche 16 Wohnmobilstellplätze.

MEDITERRANE, MONDÄNE DOMSTADT

Speyer hat viel zu bieten

Speyer ist berühmt für seinen imposanten Dom.

7

Direkt am Rhein und damit an der Grenze zu Baden-Württemberg liegt Speyer – weithin berühmt für den prächtigen Dom. Speyer hat römische Wurzeln und ist eine der ältesten Städte Deutschlands. Sie ist von einer ganz besonderen Aura umgeben und mit den vielen Sehenswürdigkeiten ist sie einen mehrtägigen Besuch wert.

Von welcher Seite aus man sich Speyer auch nähert – es ist immer der Dom, der sich als erstes ins Blickfeld schiebt. In der Kernstadt allein kann man in Speyer schon so viel unternehmen, dass ein Tag ganz sicher nicht reicht. Aber auch die Umgebung mit den Naherholungsgebieten, Altrheinschlingen und Baggerseen lädt zu einem erholsamen Aufenthalt ein. Im Folgenden wird deshalb sowohl ein Stellplatz in der Stadt als auch ein Campingplatz inmitten der Natur vorgestellt.

BESUCHERMAGNET KAISERDOM

Offiziell heißt das berühmte sakrale Bauwerk **Domkirche St. Maria und St. Stephan**. Das ist sehr sperrig, weswegen **Speyerer Dom** die gängigere Bezeichnung ist. Die Kathedralkirche ist die größte erhaltene romanische Kirche der Welt und steht seit 1981 als Hauptwerk romanischer Baukunst auf der UNESCO-Liste des Weltkulturerbes. Baubeginn war vermutlich um 1030 und das erklärte Ziel des salischen Kaisers Konrad II lautete, die größte Kirche des Abendlandes zu errichten.

Und auch heute noch, nach zahlreichen Zerstörungen, Veränderungen und Neugestaltungen, ist der Dom zwar nicht mehr das größte Bauwerk der christlichen Welt, aber allemal ein imposantes Monument romanischer Baukunst.

Wer den Dom besichtigen möchte, kann dies auf eigene Faust tun. Kernstück ist das Mittelschiff, von dem aus man in die Krypta gelangt. Von dieser aus ist eine Gruft erreichbar, die sogenannte Kaisergruft, in der vier Kaiser und Könige des Mittelalters bestattet sind. Über der Vorhalle liegt der Kaisersaal mit beeindruckenden Fresken des Malers Johann Baptist Schraudolph. Ein Erlebnis ist die Aussichtsplattform auf dem Südwestturm des Doms auf etwa 60 Metern Höhe. Der bei gutem Wetter bis 50 Kilometer weit reichende Rundumblick über Speyer und die Vorderpfalz ist fantastisch! Man startet den Aufstieg in der Vorhalle und gelangt

zunächst in den Kaisersaal, von wo aus man auf die Turmspitze steigt. Krypta, Kaisersaal und Turmbesteigung sind kostenpflichtig.
Es gibt so viele Details und Schätze zu entdecken im Dom zu Speyer, dass sicherlich eine geführte Besichtigung sehr hilfreich wäre. Führungen werden mit unterschiedlichen Schwerpunkten angeboten und sind auch mit Führungen durch die Stadt kombinierbar. Eine Alternative ist, sich mit einem Audioguide auf Entdeckungsreise zu begeben. Mit kurzen Musikstücken und historischen Tonaufnahmen wird man auf unterhaltsame Art durch das sakrale Gebäude geleitet.
Umgeben ist der Dom übrigens von einem schönen **Domgarten**, in dem es sich entspannt schlendern lässt, an heißen Tagen findet sich ein schattiges Plätzchen und man kann sich beim Minigolf austoben oder die Exponate im frei zugänglichen Skulpturengarten anschauen. Für Kinder gibt es einen Spielplatz. Im Osten schließt sich der Stadtpark an und dann folgt auch schon unversehens das Rheinufer.

WER WENIG ZEIT HAT oder möglichst viele der nachfolgenden Sehenswürdigkeiten »abklappern« möchte, kann ein Fahrrad von **VRNnextbike** mieten. In Speyer gibt es mehrere Stationen, unter anderem eine direkt auf dem Domplatz. vrnnextbike.de/de/speyer.

Speyer liegt direkt am Rhein – mit Promenade!

◀ Domplatz mit Dom ▲ Beliebtes Fotomotiv: der Jakobspilger
▼ Dolce Vita auf der Maximilianstraße

SIGHTSEEING IN DER KERNSTADT

Am Domplatz befindet man sich praktischerweise bereits mitten in der Kernstadt von Speyer. Als erstes kann man die charmante Maximilianstraße entlangschlendern. Mediterran mutet es hier an! Rechts und links säumen Palmen, Cafés und Restaurants die Straße, man kann sich in den gepflegten Außenbereichen niederlassen und dem munteren Treiben zuschauen – das ist Dolce Vita! An der Ecke Maximilianstraße/Geschirrplatz treffen wir auch recht schnell auf den **Jakobspilger**, eine Bronzefigur, die mit einem weiten Mantel und Hut bekleidet barfuß und mit Wanderstab unterwegs ist. Die Figur soll an die Wallfahrten im Mittelalter erinnern.

Ein Stückchen weiter ist das rote **Rathaus** mit seinen weißen Säulen ein Blickfang. Das Gebäude wird hauptsächlich zu Repräsentationszwecken genutzt. Vor dem ehemaligen Kaufhaus Alte Münze finden wir den **St. Georgsbrunnen**, der 1930 zu Ehren der Gefallenen des ersten Weltkriegs errichtet wurde. Ganz oben posiert St. Georg über dem erschlagenen Drachen. Die Fassade der Alten Münze ist ein Wahrzeichen Speyers; auf dem Platz davor findet der stimmungsvolle Weihnachtsmarkt statt.

◀ Das Altpörtel ist das westliche Stadttor Speyers. ▲ Judenhof mit Judenbad ▼ Die Gedächtniskirche erinnert an die Protestation zu Speyer.

SÜSSE AUSZEIT VOM STADTBUMMEL? Weit über die Grenzen Speyers hinaus bekannt ist die Eismanufaktur Englert. Sowohl Eis als auch diverse Raffinessen wie Ice-Rolls und Saucen sind hausgemacht und verwöhnen nicht nur an heißen Sommertagen den Gaumen. Korngasse 8, 67346 Speyer, eismanufaktur-speyer.de

Ehe wir uns versehen, haben wir das Altpörtel erreicht. Hinter dem lustigen Namen verbirgt sich das westliche Stadttor Speyers, das die Maximilianstraße begrenzt. Auch diese Sehenswürdigkeit darf sich eines Superlativs erfreuen: Es ist mit 55 Metern Höhe eins der höchsten und bedeutendsten Stadttore Deutschlands. Man kann von April bis Oktober auf das Tor hinaufsteigen und hat von der Balustrade einen Blick frontal auf den Dom und die Maximilianstraße, außerdem über Speyer und die ganze Umgebung. An der Turmaußenseite befindet sich eine Uhr, die zweigeteilt ist – das heißt, ein Ziffernblatt zeigt die Stunden an und ein separates die Minuten.

7

Kommen wir noch einmal zurück zum Domplatz, an dem sich schräg gegenüber vom Dom das **Historische Museum der Pfalz** befindet. Dieses zeichnet sich durch eine vielfältige Sammlung aus, die sowohl in einer Dauerausstellung als auch im Rahmen von hochkarätigen Sonderausstellungen gezeigt wird. Insbesondere die Geschichte der Region von der Urgeschichte über die für diese Stadt bedeutsame Römerzeit bis hin zur Neuzeit wird thematisiert. Das historische Ambiente und die ausgefallenen Inszenierungen tun ihr Übriges, um dieses Museum zu einem der bedeutendsten Museen Deutschlands zu machen.
Bleiben wir in der Ecke und auch weiter im historischen Bereich; hierfür gehen wir vom Domplatz aus in die Engelsgasse und treten rechterhand in den **Judenhof** - dort finden wir hinter dem Bischöflichen Ordinariat das **Judenbad Mikwe**. Es handelt sich dabei um ein um 1110/1120 erbautes jüdisches Ritualbad, erkennbar an der gläsernen Dachkonstruktion. Man kann es heute besichtigen, indem man über ein Treppenhaus und einen Vorraum zu einem zehn Meter tief gelegenen, quadratischen Badeschacht mit Kreuzgratgewölbe gelangt. Romanische Ornamente verzieren das Bad, in dem Juden die kultische Reinigung vorgenommen haben. Das Ritualbad ist das älteste dieser Art in Mitteleuropa.

◀ Domstadt von oben ▶ Um den St. Georgsbrunnen ist immer viel los.

7

Es ist zwar schwer, dem Dom in seinem äußeren Erscheinungsbild das Wasser zu reichen – aber die **Gedächtniskirche der Protestanten** kommt nah ran! Sie liegt an der westlichen Grenze der Kernstadt und ist wegen ihrer imposanten Größe und vor allem dem 100 Meter hohen Kirchturm weithin sichtbar – auch hier wieder ein Superlativ: Es ist der höchste Kirchturm der Pfalz (und natürlich das höchste Bauwerk der Stadt). Die Kirche im gotischen Kathedralstil wurde zwischen 1893 und 1904 erbaut und ist damit eine jüngere Kirche. Eine Statue von Martin Luther steht inmitten der Vorhalle.

BEI SO VIEL SIGHTSEEING in einer mediterranen Stadt bekommt man Appetit – ein guter Italiener wäre dann genau das Passende. Etwas abseits vom Trubel am Fischmarkt kann man sich in dem sehr empfehlenswerten, modernen italienischen **Restaurant Donna Mia** köstliche Pizza, Pasta und Fleischgerichte schmecken lassen. Der lauschige und schattige Außenbereich lässt besonders an heißen Sommertagen so richtig Dolce-Vita-Feeling aufkommen. Fischmarkt 5a, 67346 Speyer, Tel. 06232/6 79 46 42, donnamia-speyer.de.

Mit viel italienischem Flair: Innenraum des Restaurants Donna Mia

Das SEA LIFE zieht Besucher aus nah und fern an.

WEITERE TOURISTISCHE ATTRAKTIONEN

Insbesondere zwei Magnete locken viele Besucher nach Speyer: das Technik Museum Speyer und das Erlebnis-Aquarium SEA LIFE. Das **Technik Museum Speyer** befindet sich nahe dem Stadtzentrum am Flugplatz. Besonders eindrucksvolle technische Exponate aus dem Fahrzeug- und Flugzeugbau befinden sich vor allem auf dem riesigen Außengelände. Im Inneren beherbergt das weithin bekannte Museum ein Marinehaus, ein Modellbahnmuseum sowie ein IMAX-Filmtheater. Oldtimer, Rennmotorräder und historische Feuerwehrautos begeistern nicht nur Technik-Freaks. In einem Restaurant innerhalb des Museumskomplexes kann man sich während des Besuchs stärken. Der vorgestellte Caravanpark (siehe Auf einen Blick) befindet sich auf dem Gelände des Technik Museums Speyer. Zweites Highlight der Region ist das **SEA LIFE**, hier tummeln sich Meeresbewohner und Wassertiere in der Unterwasserwelt. Thematisch sind die Becken sehr schön und ansprechend angelegt und ihre Bewohner werden in ihren geografischen Bereichen gezeigt: Bodensee, Nordsee oder einfach nur in einem Gebirgsbach. Oder welche Tiere kommen zum Beispiel in einem Hafenbecken oder rund um ein Schiffswrack vor? Hier finden wir es heraus! Höhepunkt ist der acht Meter lange Tunnel, der durch das Ozeanbecken führt und in dem Haie munter ihre Runden um die Besucher drehen.

◀ Idyllisches Rheinufer ▶ Die Blaue Adria lädt zum Wandern und Genießen ein.

Bleiben wir beim Element Wasser: Das **Sport- und Erlebnisbad bademaxx** am Rheinufer mit einem Freibad, einem Hallenbad und Riesenrutsche bietet alles für eine ganztägige Auszeit. Mit großer Liegewiese im Außenbereich sowie einem Sauna- und Wellnessbereich mit diversen Saunen mit Aufgüssen, Dampfbad und Massagen – hier findet jeder das passende Angebot. Und da wir gerade schon am Rheinufer sind: Der **Rheinstrand** im Stadtgebiet von Speyer ist wie ein Urlaub im Urlaub. In der Hängematte schaukeln, dabei den Lastkähnen auf dem Rhein zuschauen und vielleicht auch noch einen Cocktail in der Hand haben – wer muss da in die Ferne schweifen? Hier auf der Rheinpromenade hinter dem bademaxx ist immer viel los – man kann einfach die Füße in den Sand stecken, an der Beach Bar oder im Biergarten einen Drink zu sich nehmen oder den Sonnenuntergang genießen.

Tipp

Natürlich wäre auch eine Schifffahrt auf dem Rhein eine gute Idee. Am Helmut-Kohl-Ufer in der Rheinallee 3 legen die Ausflugsschiffe ab, mit denen man sowohl eine Rhein- und Hafenrundfahrt als auch eine Rundfahrt auf dem Altrhein unternehmen kann. Ein Anbieter für Erlebnisfahrten auf dem Rhein und dem Altrhein ist die Fahrgastschifffahrt Pfälzerland.

ENTSPANNUNG AN DER BLAUEN ADRIA

Der Rhein begleitet uns auch im Umland von Speyer – und das auf vielfältige Art und Weise. Zwischen Speyer und Ludwigshafen gibt es jede Menge Altrheinarme und Baggerseen. Einige Naherholungsgebiete bieten ein tolles Kontrastprogramm zur Stadtbesichtigung von Speyer. Ein besonders schöner Stellvertreter ist die **Blaue Adria**. Damit wird ein Ensemble mehrerer Baggerseen auf dem Ortsgebiet der Gemeinde Altrip bezeichnet. Diese sind aus zum Teil verlandeten Altrheinschlingen entstanden. Das Naherholungsgebiet ist auch deshalb sehr attraktiv, weil es mit dem empfehlenswerten Campingplatz Blaue Adria (siehe Auf einen Blick) einen Platz mitten in der Natur hat. Dieser ist 25 Kilometer vom Stadtzentrum Speyers entfernt.

VOM PLATZ AUS kann man eine Rundwanderung um die **Blaue Adria** unternehmen. Hierzu geht man vom Campingplatz aus zum Strandbad (direkter Zugang für Übernachtungsgäste), hält sich links und wandert zunächst über einen breiten Weg, dann über einen schmalen Pfad und direkt an einem Altrheinarm entlang einmal weiträumig um die Blaue Adria. Durch eine Siedlung, bestehend aus Schrebergärten und Wochenendhäusern, geht es zurück zum Campingplatz.

Das **Strandbad** an der Blauen Adria mit Badestrand, Liegewiese und Imbiss ist die perfekte Ergänzung für einen entspannten Aufenthalt auf dem Campingplatz Blaue Adria. Ein großer Sandstrand bietet Platz zum Entspannen, Spielen und Sonnenbaden. Das steht einem Mittelmeer-Strand in nichts nach – der Name Blaue Adria kommt also nicht von ungefähr. Wer Schatten sucht, findet auch diesen unter hohen Bäumen. Hunde sind im Strandbad nicht erlaubt.

Mit Sandstrand und allem Drum und Dran – an der Blauen Adria

Das Rheinufer ist ein schöner Ausflug von der Blauen Adria aus.

Ein Ausflugsziel ist das **Rheinufer**. Mit dem Wohnmobil fährt man etwa 2,5 Kilometer bis zu einem Wanderparkplatz an der Großwiesenstraße. Von hier aus spaziert man über das Restaurant Weißes Häuß'l Ludwigshafen an den Rhein, an dessen Ufer man anschließend Richtung Osten geht. Dann führt der Weg um den **Silbersee** herum, aus dem Wald heraus und entlang einem Feld zurück zur Großwiesenstraße. Das letzte Stück zurück zum Parkplatz geht man auf einem Radweg an der Straße entlang. Der Silbersee liegt nordwestlich von Altrip direkt am Rhein.

13 KILOMETER WESTLICH von Speyer (und genau in der Mitte zwischen Speyer und Neustadt an der Weinstraße, siehe Tour 8) befindet sich mit dem **Holiday Park** ein ganz besonderes Ausflugsziel – ein zwar überschaubarer, aber mit einigen Attraktionen versehener Freizeitpark für jede Altersklasse. Megacoaster, eine Achterbahn mit Katapultstarts und ein Free Fall-Tower sorgen für Nervenkitzel, aber es gibt auch Entspannendes wie den Beach Club, bei dem man Strand-Flair mit Strand-Bar genießen kann. Auch kleine Kinder sind gut aufgehoben im Holiday Park, beispielsweise im Majaland mit einer Themenwelt rund um die Biene Maja oder auf der Tabaluga-Achterbahn. Einige Wasserfahrten sowie Shows runden das Angebot ab. Hunde an der Leine sind im Park erlaubt.

AUF EINEN BLICK

Info

STADT/REGION: Speyer/Metropolregion Rhein-Neckar
BESTE REISEZEIT: Mai–Oktober
OPTIMALE REISEDAUER: 2 Tage
TOURISTINFO: Tourist Information Speyer, Maximilianstraße 13, 67346 Speyer, Tel. 06232/14 23 92, touristinformation@stadt-speyer.de, speyer.de/de/tourismus

SEHENSWÜRDIGKEITEN

DOMKIRCHE ST. MARIA UND ST. STEPHAN/SPEYERER DOM: Domplatz, 67346 Speyer, dom-zu-speyer.de
HISTORISCHES MUSEUM DER PFALZ: Domplatz 4, 67346 Speyer, Tel. 06232/1 32 50, info@museum.speyer.de, museum.speyer.de
JUDENBAD MIKWE: Kleine Pfaffengasse 22, 67346 Speyer
GEDÄCHTNISKIRCHE DER PROTESTANTEN: Bartholomäus-Weltz-Platz, 67346 Speyer, gedaechtniskirchengemeinde.de
TECHNIK MUSEUM SPEYER: Am Technik Museum 1, 67346 Speyer, Tel. 06232/6 70 80, speyer.technik-museum.de
SEA LIFE SPEYER: Im Hafenbecken 5, 67346 Speyer, Tel. 0180/666 690 101, visitsealife.com/speyer
SPORT- UND ERLEBNISBAD BADEMAXX: Geibstraße 3, 67346 Speyer, Tel. 06323/6 25 15 00, bademaxx@stadtwerke-speyer.de, bademaxx.de

◀ Achterbahn im Holiday Park ▶ Außenbereich des Technik Museums

AUF EINEN BLICK

FAHRGASTSCHIFFFAHRT PFÄLZERLAND: Tel. 06323/7 13 66, (Mobil: 0171/1 23 48 89), fgs-pfaelzerland@t-online.de, personenschifffahrt-streib.de
HOLIDAY PARK: Holiday-Park-Straße 1-5, 67454 Haßloch/Pfalz, Tel. 06324/5 99 30, info@holidaypark.de, holidaypark.de

CARAVANPARK AM TECHNIK MUSEUM SPEYER

ADRESSE: Am Technik Museum, 67346 Speyer, Rezeption Hotel Speyer am Technik Museum: Tel. 06323/6 71 00, info@hotel-speyer.de, hotel-speyer.de/de/caravanpark
ANFAHRT: Vom Autobahnkreuz Speyer aus über die A9 und die B39 bis Ausfahrt Speyer-Zentrum fahren. Weiter der Beschilderung Heidelberg/A61/Zentrum folgen, auf Geibstraße rechts abbiegen und wieder rechts auf die Straße Am Technik Museum
GPS: 49.311389, 8.450278
Außergewöhnlich großer Platz mit 117 Stellplätzen in unmittelbarer Zentrumsnähe, aber in ruhiger Umgebung auf dem Gelände des Technik Museums Speyer. Plätze teilweise auf Wiese, teilweise auf Schotter. Mit modernen Sanitäranlagen mit Duschen und Toiletten, außerdem Strom, Wasseranschluss und Ver- und Entsorgung vor-

Groß und modern ist der Caravanpark am Technik Museum.

Familiär geführter, naturnaher Campingplatz Blaue Adria

handen. Reservierung und Check-In erfolgen im Hotel nebenan, hier kann man auch frühstücken. Ermäßigter Eintritt ins Technik Museum für Übernachtungsgäste. Man sollte beachten, dass sich der Stellplatz direkt in der Einflugschneise des Flugplatzes befindet (nachts allerdings kein Flugverkehr).

CAMPINGPLATZ BLAUE ADRIA

ADRESSE: Adriastraße, 67122 Altrip, Tel. 06236/38 31, campingplatz-blaue-adria-altrip.de

ANFAHRT: Von Speyer über die B9 Richtung Norden fahren bis Ausfahrt Waldsee-Nord/Schifferstadt. Richtung Altrip fahren, an einer Gabelung links abbiegen, bis Straße An der Rennbahn links abzweigt. Dann linkerhand großer Parkplatz des Campingplatzes/ Strandbades

GPS: 49.425278, 8.467222

Liebevoll und zuvorkommend von der netten Betreiberin geführter Platz mitten in der Natur mit großzügigen, parzellierten Stellplätzen meist auf Wiesenuntergrund. Der Platz ist angenehm überschaubar mit wenig Dauercampern. Platz auch für viele Zelter, die auf einer separaten Zeltwiese stehen. Die Sanitäranlagen in Containern sind klein, einfach und eng, aber sauber. Altrip ist in einer kurzen Fahrt erreichbar. Größtenteils Strom verfügbar. Auch für größere Wohnmobile geeignet. Direkter Zugang zum Strandbad, für die Zugangstür bekommen Übernachtungsgäste gegen Kaution einen Schlüssel. Brötchenservice wird angeboten. Perfekt geeignet für einen erholsamen Aufenthalt. Achtung: Die Schranke wird ab 20 Uhr geschlossen!

AN DER DEUTSCHEN WEINSTRASSE

Zu Besuch in den Orten Edenkoben und Neustadt

In der Stadthalle Saalbau werden die Weinköniginnen gekrönt.

8

Sanfte Weinhänge, Obstplantagen, der Pfälzerwald und traditionsreiche Orte – all das zeichnet die Deutsche Weinstraße aus, die überdies noch mit einem südländischen Klima gesegnet ist! Der Riesling von hier ist weltberühmt, ebenso das Kulturgut, allem voran das Hambacher Schloss, die Wiege der deutschen Demokratie …

Eine Fahrt entlang der Weinstraße ohne festes Ziel und entlang der Weindörfer, von denen eins malerischer ist als das andere, ist eine tagfüllende, wunderschöne Beschäftigung. Historische Ortskerne, viel Fachwerk und vor allem unzählige Weingüter säumen den Weg. Beim Weinverkosten ist es gut, wenn das Wohnmobil ganz in der Nähe einen Platz findet – am besten gleich auf dem Weingut selbst. Deshalb sind bei diesem Ziel mehrere Stellplätze auf Weingütern beschrieben (siehe Auf einen Blick).

HIGHLIGHT DEUTSCHE WEINSTRASSE

Die **Deutsche Weinstraße**, eine der ältesten touristischen Straßen Deutschlands, verläuft auf beziehungsweise parallel zu den Bundesstraßen 38 und 271 durch das Weinbaugebiet der Pfalz. Die Region ist **mediterran** – nicht nur wegen des besonderen Klimas mit den höchsten Durchschnittstemperaturen und den meisten Sonnenstunden Deutschlands, sondern auch wegen der blühenden Mandelbäume im Frühjahr. Dazu kommen Palmen, Zitronen, Feigen und Kiwis in den Höfen der Weingüter im Sommer, üppige Weinberge und übervolle Kastanienbäume sowie eine herrliche Laubfärbung im Herbst. Nicht zu vergessen die **Pfälzer Gastfreundschaft**, die voll und ganz dem südländischen Klima entspricht. Zusammengefasst heißt das, die Deutsche Weinstraße besticht durch eine schöne Landschaft, exzellente Weine, hervorragendes Essen, mannigfaltige Freizeitaktivitäten und den typisch Pfälzischen Menschenschlag!
Im Süden beginnt die Deutsche Weinstraße am **Deutschen Weintor** in Schweigen-Rechtenbach (siehe Ziel 3) an der Grenze zum Elsass. Dann verläuft sie auf 85 Kilometern durch die **Ferienregion Deutsche Weinstraße**, bis sie am Haus der Deutschen Weinstraße in Bockenheim am Rande Rheinhessens endet. Entlang der touristischen Straße reihen sich Weinberge, Weinorte und Weingüter.

8

DAS ZENTRUM DER WEINSTRASSE

Der Stadtteil Neustadt-Diedesfeld liegt mittig auf der Deutschen Weinstraße. So trägt auch **Neustadt an der Weinstraße** die Straße als Zusatz im Namen. Der Ort hat knapp 55 000 Einwohner und verkörpert komprimiert das ganze mediterrane Flair der berühmten Straße. Vor allem der **Marktplatz** mit der fotogenen Stiftskirche, dem Brunnen und dem Rathaus lädt zum Müßiggang ein: In einem Straßencafé dem bunten Treiben zuschauen, einen Latte Macchiato dabei trinken und die Sonne genießen oder unter Schatten spendenden Bäumen auf einer Bank sitzen und Zeitung lesen – was kann es Genussvolleres geben?

An den mediterranen Marktplatz schließt sich die **Fußgängerzone** an. Ein Netz von verkehrsberuhigten Straßen bietet nicht nur Einkaufsmöglichkeiten, sondern auch einen Lebensstil, den man eher am Mittelmeer vermutet. Auch hier laden wieder Cafés und Restaurants, dazwischen Läden, Boutiquen, Obst- und Gemüsehändler ein. Es lässt sich vortrefflich durch die Straßen bummeln, man kann sich einfach nur treiben lassen … Sightseeing ist aber auch um die einladende Innenstadt herum angesagt. Die **Stadthalle Saalbau** ist nicht nur ein Veranstaltungsort für kulturelle Events, Konzerte, Tagungen, Kongresse und Ausstellungen – der imposante, einer dreischiffigen Basilika nachempfundene Saalbau ist

Mandelblüte beim Geilweilerhof, einem Institut für Rebenzüchtung

Verträumte Ortschaften prägen das Bild an der Deutschen Weinstraße.

auch **Krönungsort der Deutschen Weinkönigin**. Jährlich werden hier im Rahmen des Deutschen Weinlesefestes unter den Bewerberinnen aus den Weinbaugebieten sowohl die Deutsche Weinkönigin mit Prinzessinnen gewählt als auch die Pfälzische Weinkönigin samt Prinzessinnen.

Tipp

Apropos Fest: Das bei Neustadt eingemeindete Winzerdorf Gimmeldingen ist jährlich zur Zeit der Mandelblüte Austragungsort des Gimmeldinger Mandelblütenfestes. Mit Rahmenprogramm, viel Musik und noch mehr Schoppen … Der Termin richtet sich immer nach der aktuellen Situation der Blüte und der allgemeinen Wetterlage; der aktuelle Stand kann auf den Webseiten von Gimmeldingen eingesehen werden: gimmeldingen.de/mandelbluetenfest/mandelbluetenfest.

Die Stadthalle Saalbau liegt in unmittelbarer Nähe zum hübschen **Hauptbahnhof** der Stadt. Das Empfangsgebäude wirkt so sehr wie aus einer Modelleisenbahn-Kulisse, dass es tatsächlich von Faller als Bausatz für Modelleisenbahnen hergestellt und vertrieben wird! Im historischen Lokschuppen ist das **Eisenbahnmuseum Neustadt/Weinstraße** untergebracht. Es ist eins von zwei Eisenbahnmuseen der Deutschen Gesellschaft für Eisenbahngeschichte (das andere befindet sich in Bochum-Dahlhausen).

Das Hambacher Schloss gilt als Wiege der Demokratie.

Der Fokus des Museums liegt auf Dampflokomotiven aus der Zeit der Pfalzbahn, der Deutschen Reichsbahn und der Frühzeit der Eisenbahn. Die Exponate können im historischen Lokschuppen aus dem Jahr 1847 und im Werkstattgebäude besichtigt werden – beides steht als Teil der ersten pfälzischen Eisenbahnlinie Neustadt-Ludwigshafen unter Denkmalschutz.

Tipp

Eine Dampflokomotive »in echt« nimmt uns mit auf eine Reise durch die Pfalz. Das Kuckucksbähnel, der Star des Museums, ist ein Zug mit antiker Dampflokomotive, der zwischen Neustadt, Lambrecht und Elmstein (siehe Elmsteiner Tal) verkehrt. Das ist Reisen wie in vergangenen Zeiten! eisenbahnmuseum-neustadt.de/kuckuck.

DIE WIEGE DER DEUTSCHEN DEMOKRATIE

Nicht nur wegen der historischen Bedeutsamkeit, sondern auch in der Funktion als Wahrzeichen der gesamten Pfalz ist das **Hambacher Schloss** ein Ziel, das bei keinem Pfalz-Trip fehlen darf. Wegen des **Hambacher Festes** 1832 gilt es als wichtiges Symbol der deutschen Demokratiebewegung. Weithin sichtbar bis in die Ebene hinein und von vielen Stellen in Neustadt aus, thront das Schloss als nationale Gedenkstätte auf dem Kastanienberg bei Neustadt an der Weinstraße. Die deutsche Demokratiegeschichte ist sehr schön in der Dauerausstellung »Hinauf, hinauf zum Schloss!« dokumentiert, die ganzjährig besucht werden kann. Samstags und sonntags finden unter Voranmeldung (am selben Tag vor Ort möglich) Führungen statt und ermöglichen den Besuch des Schlosses und der Dauerausstellung.

DAS HAMBACHER FEST (27.–30. Mai 1832) auf dem **Hambacher Schloss** gilt als Höhepunkt der bürgerlichen Opposition während der Zeit der Restauration und als Beginn des Vormärz. Die Teilnehmer forderten nationale Einheit, Freiheit und Volks-Souveränität.

Um das Hambacher Schloss führen zahlreiche Wanderwege in unterschiedlicher Länge. Von den meisten hat man wunderbare Blicke auf das Schloss und hinab in die Ebene. Die Rundwege sind auf einer Wandertafel am Zugangsweg zum Eingang eingezeichnet. Es sind auch Kombinationen verschiedener Wege möglich. Gegenüber der Wandertafel kann man bei der Burgschänke Rittersberg einkehren, an Sommertagen stehen hier auch Eiswagen am Straßenrand bereit. Die Schlossanlage selbst verfügt mit dem Restaurant 1832 über eine Burgschänke mit tollem Ausblick.

Ein Genuss, mit dem Wohnmobil die Deutsche Weinstraße abzufahren

8

IM ROMANTISCHEN ELMSTEINER TAL

Ob mit oder ohne historischem Dampfzug – das **Elmsteiner Tal** ist einen Ausflug wert. Schon allein wegen der drei Burgen, die rechts und links über dem Tal wachen, aber auch wegen des idyllisch gelegenen Stausees Helmbachweiher und dessen Freizeitmöglichkeiten.

Fahren wir mit dem Wohnmobil von Neustadt ins Elmsteiner Tal, verlassen wir die Peripherie der Stadt, biegen am Ortsausgang von Lambrecht links ab und folgen der Beschilderung »Elmsteiner Tal«. So gelangen wir recht unverzüglich in das beschauliche Tal, das sich entlang des Flüsschens Speyerbach gebildet hat. Hier gibt es überall kleine Parkbuchten, an denen man anhalten und auf einer Bank die Ruhe genießen kann.

Als erste Burg ist die **Burg Erfenstein** erreicht. Sie erhebt sich östlich des Speyerbaches auf 265 Metern Höhe und 80 Meter über der Talsohle. Vom Parkplatz in Erfenstein aus gelangt man in einem kurzen, steilen Aufstieg (50 Höhenmeter sind zu bewältigen) zu der Anlage, die man über Leitern und Treppen begehen und erkunden kann. Das Highlight ist jedoch der Aussichtspunkt auf einem Felssporn, von dem aus man nicht nur das Tal, sondern vor allem auf die auf der gegenüberliegenden Talseite thronende

Die Ruine der Burg Breitenstein liegt an einem Steilhang.

Die Spangenburg ist die besterhaltene Burg im Elmsteiner Tal.

und beeindruckende Burg Spangenberg blicken kann. Sofern die Bank an dieser exponierten Stelle frei ist, könnte man sich hier auch ein Picknick schmecken lassen.

Oberhalb der Burg Erfenstein befindet sich die Ruine **Alt Erfenstein** – wirklich nur eine Ruine oder eher nur ein riesiges Felsgebilde, das aber geheimnisvoll im Wald versteckt liegt. Von einer Bank aus hat man beide Burgen, Erfenstein und Alt Erfenstein, im Blick.

Die erwähnte gegenüberliegende **Burg Spangenberg** ist die besterhaltene der drei Burgen im Tal und auch dessen Wahrzeichen. Sie liegt auf einem Felskeil, was besonders imposant wirkt, denn sie ist insgesamt gut erhalten, so existieren beispielsweise Teile des Palas, des Torbaus vor der Hauptburg und Teile der Zwingmauern. An Öffnungstagen kann man die Burg auch von innen besichtigen und in der Burgschänke einkehren. Burg Spangenberg ist nur zu Fuß über den Alten Burgweg erreichbar, was etwa zehn Minuten dauert. Der Weg ist bei Dunkelheit beleuchtet.

Von einem Wanderparkplatz aus geht es nun wieder auf der rechten Talseite hinauf zur dritten Burg im Bunde, der **Burg Breitenstein**. Die Anlage aus dem 13. Jahrhundert liegt auf einem Sporn, ist vom Tal aus nicht sichtbar und erstreckt sich über mehrere Ebenen. Auf der obersten Ebene ist nur die Ruine der Vorburg erhalten. Zwölf Meter darunter, auf der untersten Ebene, befindet sich die Kernburg. Von dieser und dem ehemaligen Wohnturm sind Teile erhalten. Über eine abenteuerlich wackelige Leiter gelangt man ins Innere der Ruine.

Geruhsam geht es zu am Helmbachweiher im Elmsteiner Tal.

WER ALLE DREI BURGEN auf einen Streich und zu Fuß »erledigen« möchte, dem sei die Wanderung auf dem **3-Burgen-Rundweg Erfenstein** empfohlen. Startpunkt ist der Bahnhof von Erfenstein. Von dort geht es der Beschilderung »Drei Burgenrundweg« folgend zuerst zur Burg Erfenstein, dann zur Burg Breitenstein und zuletzt, auf der anderen Straßenseite, zur Burg Spangenburg. Die Tour ist dauerhaft gut ausgeschildert und beinhaltet auf einer Länge von 7,8 Kilometern 270 Höhenmeter. Zum Startpunkt der Wanderung am Bahnhof von Erfenstein gelangen wir auf besonders schöne Art mit dem Kuckucksbähnel von Neustadt aus.

Ein letztes Ziel im Tal ist der **Helmbachweiher**, auf der südlichen Talseite gelegen und über eine Zufahrt erreichbar, die gegenüber dem Wanderparkplatz zur Burg Breitenstein gen Süden abzweigt und entlang des Helmbachs führt. Abgeschieden und idyllisch liegt der See, der durch das Aufstauen des Kohlbaches entstanden ist, inmitten der Natur und in einem Wald. Schattig ist es also auch an heißen Sommertagen, der See hat überall Wasserzugang und auch einen richtigen Badestrand. Wer sich nicht ins kühle Nass stürzen möchte, spaziert einmal um den Helmbachweiher herum oder tut es anderen gleich, die sich Liegestühle mitbringen und ein schattiges Plätzchen zum Entspannen suchen. Auch zahlreiche Picknickplätze sind vorhanden, ein Imbiss ist ebenfalls vor Ort.

8

PRÄMIERTER WEINORT

Knapp zehn Kilometer südwestlich von Neustadt liegt das schnuckelige **Weindorf St. Martin.** Es gilt als eins der schönsten Dörfer Deutschlands. Diese Auszeichnung verdient der 1 800 Seelen Ort schon allein wegen seines historischen Ortskerns, der unter Denkmalschutz steht. Schmale Gassen, feinstes Fachwerk und urige Winzerhöfe sind das Markenzeichen von St. Martin. Während man durch die Straßen schlendert, schaut man in die Höfe der Winzer, probiert vielleicht hier und da einen Tropfen und bewundert Kleinkunst- und Handwerkskunstbetriebe.

Auch die Gastronomie ist gut vertreten in St. Martin: Von der Straußenwirtschaft über das Restaurant mit gut bürgerlicher Küche bis hin zur hochwertigen Küche ist alles vertreten, wonach der Gaumen verlangt. Und immer mit dabei: die bezaubernde Weinlandschaft drumherum. Über der Szenerie prangt die **Kropsburg**, eine Burg aus der Stauferzeit, die im 12. Jahrhundert errichtet worden sein soll. Die Burg mit ihrer Burgschänke und dem König-Ludwigs-Brunnen gehört zum Programm von St. Martin dazu.

Einer der schönsten Weinorte ist St. Martin.

8

ZAHLREICHE WANDERWEGE an der Südlichen Weinstraße führen durch St. Martin hindurch und schließen die umliegenden Weindörfer an. Für besonders wanderfeste Besucher sei die **Kalmit-Runde** von St. Martin empfohlen, ein zwölf Kilometer langer Rundweg mit 450 Höhenmetern, der nicht nur auf die Kalmit und damit auf den höchsten Berg des Pfälzerwaldes führt, sondern auch durch das Naturdenkmal Felsenmeer. Der Weg ist nicht ganz ohne und auch kein Geheimtipp, aber ein Erlebnis sondergleichen!

RUND UM EDENKOBEN

Auch **Edenkoben** ist ein Ort an der Südlichen Weinstraße, mittig gelegen zwischen Neustadt an der Weinstraße und Landau (siehe Ziel 1). Hier ist es nicht so sehr der hübsche Stadtkern mit Brunnen und gepflegten Fachwerkhäusern - natürlich auch, aber nicht nur! - sondern vielmehr die Natur und die »Attraktionen« drumherum. Mit dem **Mühlenmuseum** in der Galerie Neumühle und dem **Museum für Weinbau und Stadtgeschichte** finden Besucher zwei Optionen für Schlechtwettertage.

Ein besonderes Highlight ist die mittelalterliche **Burgruine Rietburg** oberhalb der Ortsgemeinde Rhodt, zu der Gäste mit dem Sessellift **Rietburgbahn** hinaufgebracht werden. Hier konzentrieren sich einige lohnende Aktivitäten, denn nahe der Talstation befindet sich auch die **Villa Ludwigshöhe**. Das

In der Villa Ludwigshöhe befindet sich das Weingut Vinification.

Zur Rietburg führt ein Sessellift, man kann sie auch erwandern.

denkmalgeschützte Schloss ist der einstige Sommersitz König Ludwigs I. von Bayern. Heute ist die Villa Veranstaltungsort für kulturelle Events und Ausstellungen. 100 Meter von der Villa entfernt, ist heute im sogenannten Kavaliersbau das Weingut **Vinification Ludwigshöhe** untergebracht.

Der fast schon antike Sessellift ist seit 1954 in Betrieb und erscheint selbst liebevoll aufgemacht entsprechend nostalgisch. Er überwindet 220 Höhenmeter, um die Fahrgäste bei der Rietburg abzusetzen, einer Burgruine mit Ausflugsgaststätte inklusive sensationellem Fernblick von der großen Terrasse aus. Die Anlage wurde vermutlich um 1200 errichtet, heute sind der Bergfried und die Schildmauer gut erhalten. Es ist die einzige mit einem Sessellift erreichbare Pfälzer Burg.

In eine Wanderung integriert werden kann der **Ludwigsturm**, ein 15 Meter hoher Aussichtsturm aus Rotsandstein, der zu Fuß etwa 1,6 Kilometer von der Rietburg und damit der Bergstation des Sesselliftes entfernt ist. Geht es bei der Rietburg noch recht turbulent zu, so ist es beim Ludwigsturm ganz geruhsam.

AUCH EINE GRÖSSERE WANDERUNG ist möglich, dann marschiert man von der Villa Ludwigshöhe ohne Fahrt mit der Rietburgbahn zum schön gelegenen Hilschweiher mit Waldkiosk und Bootsverleih. Anschließend erreichen wir nach 3,5 Kilometern ein Wildgehege und 5,6 Kilometer nach Start die Rietburg. Wir nehmen Kurs auf den Ludwigsturm, nach dessen Besteigung zwei Einkehrmöglichkeiten folgen: das Schweizer Haus und einen Kilometer später die Waldgaststätte Rietenia. Anschließend geht es über ein Teilstück des »Keschdeweg« zurück zur Talstation des Sesselliftes. Insgesamt ist die Tour 11,5 Kilometer lang mit 440 Höhenmetern.

◀ Ein nackter Reiter bewacht das Friedensdenkmal. ▲ Auf dem Denkmal befindet sich eine Aussichtsplattform. ▼ Deckenmosaik

Ein lohnendes Ausflugsziel ist außerdem das **Sieges- und Friedensdenkmal** (meist nur »Friedensdenkmal« genannt) auf dem Werderberg, knapp fünf Kilometer westlich von Edenkoben. Es soll an den Sieg im Krieg von 1870/71 erinnern. Das Denkmal besteht aus einer offen gebauten Halle, die mit Fresken und Ornamenten verziert ist, sowie Steintafeln mit Inschriften. Vor dem Denkmal befindet sich die Statue eines nackten Reiters mit Ölzweig, auf dem Denkmal eine Aussichtsplattform, von der aus man bei gutem Wetter eine herrliche Sicht auf die Weinstraße hat. Unmittelbar nebenan befindet sich die Ausflugsgaststätte Friedensdenkmal, die regionale Gerichte anbietet – Platz für hungrige Gäste gibt es genug in den Biergärten, der Grillhütte, dem Gewölbekeller und dem Gastraum.

Tipp

»Das größte OpenAir-Rockkonzert der Pfalz« findet hier am Friedensdenkmal statt, genauer gesagt auf dem Werderplatz vor dem Denkmal – mit Blick auf die Rheinebene. Immer im August verwandelt sich das Friedensdenkmal zur Bühne für Rockbands mit namhaften Top Acts. rock-am-friedensdenkmal.de/ subpage-3.

AUF EINEN BLICK

Info

STADT/REGION: Deutsche Weinstraße
BESTE REISEZEIT: April–Oktober
OPTIMALE REISEDAUER: 3 Tage
TOURISTINFO: Tourist Information Neustadt an der Weinstraße, Hetzelplatz 1, 67433 Neustadt an der Weinstraße, Tel. 06321/92 68 92, touristinfo@neustadt.eu, neustadt.eu
Tourist-Info St. Martin, Kellereistraße 1, 67487 St. Martin, Tel. 06323/53 00, tourismus@sankt-martin.de, sankt-martin.de
Südliche Weinstraße Edenkoben e.V., Büro für Tourismus, Poststraße 23, 67480 Edenkoben, Tel. 06323/959 222, touristinfo@vg-edenkoben.de, garten-eden-pfalz.de

SEHENSWÜRDIGKEITEN

STADTHALLE SAALBAU: Bahnhofstraße 1, 67434 Neustadt an der Weinstraße
EISENBAHNMUSEUM NEUSTADT/WEINSTRASSE: Schillerstraße 3, 67434 Neustadt an der Weinstraße, Tel. 06321/3 03 90, info@eisenbahnmuseum-neustadt.de, eisenbahnmuseum-neustadt.de
HAMBACHER SCHLOSS: Schlossstraße, 67434 Neustadt an der Weinstraße, info@hambacher-schloss.de, hambacher-schloss.de
BURG SPANGENBERG: Talstraße, 67434 Neustadt an der Weinstraße, burg-spangenberg.de
MÜHLENMUSEUM IN DER GALERIE NEUMÜHLE: Klosterstraße 173, 67480 Edenkoben, Tel. 06323/28 91
MUSEUM FÜR WEINBAU UND STADTGESCHICHTE: Weinstraße 107, 67480 Edenkoben, Tel. 06323/8 15 14, anfrage@museum-edenkoben.de, museum-edenkoben.de
RIETBURGBAHN: Villastraße 67, 67480 Edenkoben, Tel. 06323/18 00, info@rietburgbahn-edenkoben.de, rietburgbahn-edenkoben.de
SCHLOSS VILLA LUDWIGSHÖHE: Villastraße 64, 67480 Edenkoben, Tel. 06323/9 13 92 51, schloss-villa-ludwigshoehe.de
FRIEDENSDENKMAL: Am Werderberg, 67480 Edenkoben

AUF EINEN BLICK

WOHNMOBILSTELLPLATZ WEINGUT MÜLLER-KERN

ADRESSE: Andergasse 38, 67434 Neustadt an der Weinstraße, Tel. 06321/8 02 51, mueller-kern@t-online.de, weintours.de

ANFAHRT: Von Neustadt über die Weinstraße Richtung Süden fahren. In der Ortsmitte von Hambach rechts auf die Schlossstraße und dann links auf die Straße Am Kirschgarten. Dieser folgen, bis rechts die Andergasse abzweigt, Weingut und Stellplatz rechterhand

GPS: 49.311389, 8.450278

Wunderschöner Stellplatz im Winzerdorf Hambach direkt am modernen Weingut Müller-Kern. Die Plätze befinden sich auf einer großen Wiese mit Reihen von Rebstöcken, dazwischen sind die einzelnen Plätzchen »versteckt« – sehr idyllisch! Von manchen Stellplätzen aus hat man einen Blick direkt hinauf aufs Hambacher Schloss. W-LAN und Strom vorhanden, außerdem Entsorgung, WC und Dusche.

WOHNMOBILSTELLPLATZ AM WEINGUT EDEL-BRAUCH

ADRESSE: St. Martiner Straße 30, 67480 Edenkoben, Tel. 06323/25 55, edel-brauch@t-online.de, edel-brauch.de/wohnmobile

ANFAHRT: Von Neustadt über die Weinstraße und über Hambach und Maikammer nach Edenkoben fahren. In der Ortsmitte scharf

◀ Stellplatz Müller-Kern ▶ Gaststätte Campingplatz Wappenschmiede

rechts auf die St. Martiner-Straße abbiegen und dieser folgen. Der Stellplatz befindet sich rechterhand am Ortsausgang.
GPS: 49.289722, 8.123056
Wohnmobilstellplatz am Weingut Edel-Brauch am Ortsrand von Edenkoben und inmitten der Natur. Mit Frischwasser, Strom und Entsorgung. Kostenfreie Übernachtung bei Einkehr im Weingut (sehr gutes Essen und leckerer Wein). Außenherum zahlreiche Rad- und Wanderwege, freundliche Gastgeber.

WOHNMOBILSTELLPLATZ AM CONSULAT DES WEINS IN ST. MARTIN

ADRESSE: Riedweg 7, 67487 St. Martin, Tel. 06323/80 44 25, info@schneider-pfalz.de, consulat-des-weins.de
ANFAHRT: Von Neustadt über die Weinstraße und über Hambach und Maikammer nach St. Martin fahren. An der T-Kreuzung links und dritte rechts in den Riedweg einbiegen
GPS: 49.298333, 8.108611
Kleiner Platz am Weingut für zehn Reisemobile. Am Ortsrand, ruhig gelegen, aber nur wenige Schritte in den Ortskern von St. Martin. Entsorgung und WC (kostenpflichtig) vorhanden. Der Stellplatz ist kostenlos bei obligatorischer Einkehr beim Weingut Consulat des Weins.

CAMPINGPLATZ WAPPENSCHMIEDE

ADRESSE: Talstraße 60, 67487 St. Martin, Tel. 06323/64 35
ANFAHRT: Von Neustadt über die Weinstraße und über Hambach und Maikammer nach St. Martin fahren. Durch den Ort durch, am westlichen Ortsausgang geht es von der Totenkopfstraße links hinunter zum Campingplatz (gut ausgeschildert).
GPS: 49.425278, 8.467222
Kleiner, überschaubarer und ruhiger Platz am Ortsrand von St. Martin und auf mehreren Ebenen angelegt. Die 25 Touristenplätze befinden sich auf einer großen Wiese. Ins Zentrum gelangt man in wenigen Minuten zu Fuß. Direkt am Platz gibt es die Gaststätte Wappenschmiede und man kann Wein kaufen. Stromanschlüsse, W-LAN und Waschmaschine.

DER SÜDWESTLICHE PFÄLZERWALD

Pirmasens – reizvolle Lage und tolles Umfeld

Auf dem Weg zur Hexenklamm westlich von Primasens

9

Am westlichen Rand des Pfälzerwaldes, im Nordwesten des Wasgaus und in direkter Nähe zu den Vogesen, liegt Primasens mit einem historischen Stadtkern, herausstechenden Museen und einigen Natur-Highlights außenherum. Premiumwanderwege wie die Hexenklamm oder der Teufelspfad und Radwege führen durch die Stadt oder sind nur einen Steinwurf entfernt.

Ein Magnet der zweitkleinsten Stadt des Bundeslandes ist das Dynamikum, ein Technikmuseum der Extraklasse. Aber auch der schön gestaltete Schlossplatz als Mittelpunkt der Innenstadt oder der Eisweiherpark laden zu einem entspannten Besuch ein. Der Wohnmobilstellplatz am Messegelände ist ein zentraler Standort für die Stadtbesichtigung, der Campingplatz Clausensee liegt zwar 20 Kilometer außerhalb, dafür mitten in der Natur und ist der einzige Campingplatz im Umkreis der Stadt.

DIE ZWEITKLEINSTE STADT

Man würde es gar nicht vermuten, dass Pirmasens nach Zweibrücken die zweitkleinste Stadt in Rheinland-Pfalz ist – gemessen an der Einwohnerzahl, denn die beträgt etwas mehr als 40 000. Die Peripherie von Pirmasens zeigt sich modern und steht damit in einem schönen Kontrast zur historischen Innenstadt. Dort ist es vor allem der **Schlossplatz** an der Hauptstraße, der über die Schlosstreppen das **Alte Rathaus** mit der **Piniuskirche** verbindet. Ist man um 11 Uhr vor Ort, kann man dem Glockenspiel des Alten Rathauses lauschen. Am unteren Ende der Treppen überwacht ein überdimensionaler Stierkopf an einer Wasserkaskade den Aufstieg.

Als schönstes Gebäude der Stadt gilt das schick restaurierte Königlich Bayerische Postamt. Das prachtvolle Verwaltungsgebäude stammt aus der Gründerzeit und wurde 2013/2014 als **Forum Alte Post** neu eröffnet. Heute beherbergt der Bau moderne Veranstaltungs- und Ausstellungsräume. Zwei Dauerausstellungen sind zwei berühmten Söhnen der Stadt gewidmet, Wechselausstellungen zeigen Kunst der Neuzeit, der Klassischen Moderne und zeitgenössische Werke.

Kommen wir zum Highlight der Stadt, dem **Dynamikum Science Center Primasens**. Das interaktive Technikmuseum befindet sich auf dem Gelände einer ehemaligen Schuhfabrik. Die Exponate stehen unter dem

9

Leitthema »Bewegung«, das mittels Experimentierstationen aufbereitet ist. Das Motto der Ausstellung zieht sich über zwei Etagen durch das Gebäude und es werden auch Bezüge zu Persönlichkeiten hergestellt, die in der Pirmasenser Geschichte etwas bewegt haben.

Nicht nur für schlechtes Wetter ist das **Westwallmuseum** in den Gemäuern des ehemaligen Festungwerks Gerstfeldhöhe ein interessantes Ziel. Thematisch dreht sich die Ausstellung um den Krieg, gleichzeitig ist das Museum ein Mahnmal für den Frieden. Geöffnet ist immer samstags und sonntags von 13 bis 17 Uhr, Führungen sind nach Voranmeldung möglich. Die Ausstellung befindet sich unterirdisch bei einer Durchschnittstemperatur von 8 Grad, weshalb man eine Jacke dabeihaben sollte. Besichtigt werden können Kriegswerkzeug, von amerikanischen Soldaten an die Stollenwände geschriebene Nachrichten, aber auch große Lkw und Motorräder. Ein Mannschaftsquartier wurde originalgetreu rekonstruiert.

Ruhesuchende und Bewegungsfreudige finden mit dem am Stadtrand gelegenen **Eisweiherpark** ein Naherholungsgebiet mit dem idyllischen Weiher im Mittelpunkt. Mit Fußball- und Beachvolleyballplätzen, einem

Das Königlich Bayerische Postamt ist ein Bau im Stil der Neorenaissance.

Kleinod mitten in der Stadt: der Eisweiherpark

großen Abenteuerspielplatz, Kletterfelsen und Minigolf, im Sommer außerdem Schaufahrten der Pirmasenser Schiffsmodellbauer, im Winter ist bei entsprechender Witterung Eislaufen möglich. Aber natürlich ist auch »nur« ein Spaziergang, ein Sonnenbad oder ein Picknick auf der großen Wiese ein schönes Erlebnis.

Definitiv ein Ort der Ruhe und des Innehaltens ist der Alte Friedhof, ein sechs Hektar großer Park mit einer Denkmalzone, in der sich bedeutende Gräber befinden. Der Friedhof stammt aus dem Jahr 1763 und wurde 1973 zu einer Parkanlage umgestaltet. Neben dem alten Baumbestand macht auch der moderne Skulpturenpark einen Besuch lohnenswert. Die ehemalige Einsegnungshalle und heutige Veranstaltungsstätte ist unter dem Namen Carolinensaal bekannt.

ZU GUTER LETZT IST DER PIRMASENSER **Luft- und Badepark PLUB** im Herzen der Stadt ein Ausflugsziel für die ganze Familie. Mit Freibad und Saunabereich, Sportbecken, Babybecken und Whirlpool ist für jeden etwas dabei.

9

ZWEI GANZ UNTERSCHIEDLICHE BURGEN

17 Kilometer nordöstlich von Pirmasens, von denen jeder einzelne den Ausflug wert ist, trifft man auf die **Burg Gräfenstein**, eine der bedeutendsten Burganlagen aus der Stauferzeit und oft als Juwel dieser Zeit bezeichnet. Sie wacht erhaben auf einem Bergkegel über das Gräfensteiner Land. Der Aufstieg zur Burg ist ein Abenteuer, denn es geht zunächst durch mehrere Burgtore und über steile Treppen in den Bergfried und anschließend im Innern und Dunkeln hinauf auf die Plattform. Ein fantastischer Panoramablick auf die unendlich scheinenden Wälder des Pfälzerwaldes ist die Belohnung des Aufstiegs. Die Burg wurde vermutlich um 1200 errichtet, im Bauernkrieg 1525 zerstört und wieder aufgebaut, aber seit einer erneuten Zerstörung 1653 ist sie eine Ruine – allerdings eine sehr gut erhaltene Ruine mit mächtigen Mauern und einem siebeneckigen Bergfried.
Die Burg ist ganzjährig frei zugänglich. Am Fuße des Bergkegels lädt die **Gräfensteinhütte** des Pfälzerwaldvereins zur Einkehr bei Pfälzer Gerichten ein, die man auf einer sehr schönen Außenterrasse zu sich nehmen kann. Vom Parkplatz Schäferei aus sind es 15 Minuten Fußmarsch zur Burg hinauf, ein hölzernes Portal weist den Startpunkt des Weges aus.

Tipp

Mehrfach im Jahr finden Burg-Führungen statt. Die Gästeführer sind dann in historische Gewänder gekleidet, was dem Ganzen eine sehr authentische Note gibt. Informationen und Termine erhält man bei der Verbandsgemeinde Rodalben, rodalben.de/vg_rodalben.

Östlich von Pirmasens und nur knapp neun Kilometer entfernt ist die **Burg Ruppertstein**, eigentlich eher ein Ruppertfelsen. Die Felsruine gehört zur Gemeinde Lemberg und wurde 1198 als Ruprechtisburg urkundlich erwähnt. Auf das Felsplateau führen Natursteinstufen – die Aussicht von oben auf den Trifels und die Berge der Umgebung ist wunderschön. Ein neu angelegter Aufgang führt hinauf zur Burg Ruppertstein. Der zwei Kilometer lange Wanderweg startet vom Wanderparkplatz an der K36 am östlichen Ortsausgang von Ruppertsweiler. Er ist mit dem roten Dreieck und nach ein paar Treppenstufen mit dem grünen Dreieck markiert.

▲ Stolz erhebt sich die Burg Gräfenstein über dem Pfälzerwald.

◀ Ein Tor markiert den Aufgang zur Burg. ▶ Felsburg Ruppertstein

Die Hexenklamm ist wild und lieblich zugleich.

FÜR NATURFREUNDE UND AKTIVE

Zwei ganz herausragende Wanderwege befinden sich in der nächsten Umgebung von Pirmasens, das sind die Hexenklamm und der Teufelspfad. Außerdem führt der Pirminius-Radweg mitten durch die Stadt – genug zu tun also sowohl für Naturliebhaber als auch aktive Urlauber; wobei beides in diesem Fall bestens miteinander kombinierbar ist.

Los geht's mit der **Hexenklamm**, sieben Kilometer westlich von Pirmasens, die ihren Startpunkt am Parkplatz des Sportplatzes Pirmasens-Gersbach hat. Man kann von hier aus direkt in die Klamm gehen, aber auch eine schöne Rundwanderung daraus machen, die 6,7 Kilometer lang, mit 120 Höhenmetern ganz moderat ist und neben der Klamm als Höhepunkt auch eine schöne Wiesenlandschaft und eine weitere verwunschene Schlucht beinhaltet. Die Wegmarkierung ist eine auf einem Besen reitende Hexe.

Die Hexenklamm selbst ist ein Naturspektakel. Sie ist naturbelassen und führt durch eine weitgehend sich selbst überlassene Wildnis mit diversen Kaskaden, einem Wasserfall und wunderschönen Rastplätzen. Mal über Steinstufen, mal entlang von hölzernen Wegbegrenzungen wird man über einen schmalen Pfad geführt, der sich durch die Schlucht schlängelt. Die Hexenklamm ist ein Muss bei einem Besuch von Pirmasens – sie ist wunderbar zum Entschleunigen geeignet.

9

Nicht minder beeindruckend, aber auf eine ganz andere Art, ist der **Teufelspfad**. Ebenfalls durch urtümliches Gebiet führt der Wanderweg, jedoch zeigt sich die Natur hier lieblicher, unterbrochen von schroffen Felsformationen, die mit Moos bewachsen und von Farn umwuchert sind. Höhepunkt ist der Teufelsfelsen, eine hoch aufgetürmte Felsformation bestehend aus Felsen, Höhlen und Felstürmchen. Ein schmaler Pfad mit Holzgeländer führt fotogen um die Formation herum – mal über romantische Brückchen, mal über Treppen.

Vom Parkplatz des Naturfreundehauses Niedersimten (wo man auch einkehren kann) ginge es recht direkt zum Teufelsfelsen – aber auch hier ist eine Rundwanderung schöner. Eine, die sogar vom Wander Magazin auf Platz 4 der schönsten Wanderwege 2020 gewählt wurde. Sie vereint mehrere sehenswerte Felsgebilde und wechselt von Wegen durch den Wald über einen Gang entlang einer Wiese hin zu einem Weiher. Insgesamt ist sie 6,4 Kilometer lang und es sind 163 Höhenmeter zu schaffen. Der Weg folgt der Markierung Teufel mit Dreizack.

◀ Rast beim Teufelchen auf dem Weg zum … ▶ … Teufelsfelsen

Viel ursprüngliche Natur auf dem Teufelspfad

WER DAS FAHRRAD AN BORD hat, wird sich über den **Pirminius-Radweg** freuen, der auf einer Streckenlänge von 75 Kilometern und fast 1 000 Höhenmetern von der französischen Grenze bis zu den südwestlichen Ausläufern des Pfälzerwaldes führt. Dabei geht es durch eingekerbte Bachtäler und streckenweise über eine ehemalige Bahntrasse. Natürlich muss man nicht die komplette Strecke fahren, sondern kann auch nur Etappen wählen. Pirmasens liegt recht mittig auf der Strecke, sodass man in der guten Ausgangslage ist, den Weg wahlweise in die eine oder andere Richtung fahren zu können und dabei viel Natur und Landschaft zu erleben. Der Wegweiser ist ein pinkfarbenes Schild mit der Beschriftung »pirminus radweg«.

SHOPPING-EVENT

Man hört immer mal wieder Werbung davon im Radio: vom **Zweibrücken Fashion Outlet**. Wenn man schon mal in der Gegend ist (das Outlet befindet sich 20 Kilometer westlich von Pirmasens), warum also nicht auf Schnäppchenjagd gehen? Es ist das größte Outlet Center in Deutschland, in dem internationale Markenhersteller ihre Ware aus der Vorsaison mit etwa 30 Prozent Rabatt anbieten. Es ist eine richtige kleine Stadt mit einer Verkaufsfläche von 21 000 Quadratmetern; da will ein Besuch gut strukturiert sein!

Die Läden sind angenehm angeordnet, viele Zugänge von außen, sodass man auch mal zwischen den einzelnen Geschäften frische Luft schnappen kann. Auch Gastronomie ist vorhanden, ebenso große, kostenlose Parkplätze, auf denen auch größere Wohnmobile problemlos parken können.

AUF EINEN BLICK

Info

STADT/REGION: Pirmasens/Südwestpfalz
BESTE REISEZEIT: April–Oktober
OPTIMALE REISEDAUER: 2 Tage
TOURISTINFO: Pirmasens Marketing, Fröhnstraße 8, 66954 Pirmasens, Tel. 06331/2 39 43 12, info@pirmasens-marketing.de, pirmasens-marketing.de

SEHENSWÜRDIGKEITEN

FORUM ALTE POST: Poststraße 2, 66954 Pirmasens, Tel. 06331/2 39 27 16, altepost@pirmasens.de, forumaltepost.de
DYNAMIKUM SCIENCE CENTER PRIMASENS: Fröhnstraße 8, 66954 Pirmasens, Tel. 06331/23 94 30, info@dynamikum.de, dynamikum.de
WESTWALLMUSEUM: In der Litzelbach 2, 66955 Pirmasens, Tel. 06331/4 61 47, info@westwall-museum.de, westwall-museum.de
ALTER FRIEDHOF: Friedhofstraße, 66955 Pirmasens
LUFT- UND BADEPARK PLUB: Lemberger Straße 41, 66955 Pirmasens, Tel. 06331/7 25 00, stadtwerke-pirmasens.de/de/Bad
BURG GRÄFENSTEIN: 66978 Merzalben
BURG RUPPERTSTEIN: 66969 Lemberg

Das Dynamikum befindet sich in einem modernisierten Gebäude.

AUF EINEN BLICK

ZWEIBRÜCKEN FASHION OUTLET: Londoner Bogen 10-90, 66482 Zweibrücken, Tel. 06332/9 93 90, info.zweibruecken@viaoutlets.com, zweibrueckenfashionoutlet.com

WOHNMOBILSTELLPLATZ AM MESSEGELÄNDE

ADRESSE: Zeppelinstraße 11, 66953 Pirmasens, pirmasens.de/tourismus/gastlichkeit/wohnmobilstellplaetze

ANFAHRT: Über die B10 nach Pirmasens fahren bis Ausfahrt Richtung Rodalben/Pirmasens/Fachhochschule/Kreisverwaltung, dann im Kreisverkehr dritte Ausfahrt nehmen. Im nächsten Kreisverkehr zweite Ausfahrt und im folgenden erste Ausfahrt, dann links auf Zwingerstraße und noch einmal im Kreisverkehr dritte Ausfahrt auf Zeppelinstraße. Der Stellplatz folgt rechterhand.

GPS: 49.200556, 7.612222

Für acht Wohnmobile bietet der Stellplatz an der Messe Pirmasens Platz. Mit Strom- und Wasserversorgung sowie Abwasserentsorgung. Bäume spenden Schatten, ansonsten Parkplatz-Charakter, aber perfekte Lage für die Besichtigung der Innenstadt. Zentrum zu Fuß erreichbar. Kostengünstig, W-LAN vorhanden, Reservierungen sind nicht möglich.

Mitten in Pirmasens: Stellplatz am Messegelände

Naturnaher Campingplatz Clausensee

CAMPING CLAUSENSEE

ADRESSE: Schwarzbachstraße, 67714 Waldfischbach-Burgalben, Tel. 06333/57 44, info@campingclausensee.de, campingclausensee.de

ANFAHRT: Von Pirmasens über die B10 Richtung Osten fahren bis Ausfahrt Münchweiler, dann auf B270 Richtung Kaiserslautern/Rodalben/Waldfischbach-Burgalben. In Waldfischbach der Schwarzbachstraße bis zum Ortsende folgen, dann 7 km geradeaus. Der zweite Campingplatz rechterhand liegt am Clausensee.

GPS: 49.275278, 7.720833

Idyllisch am Badesee gelegener und gut ausgestatteter, aber überschaubar großer Campingplatz mitten in der Natur. Vor der Schranke befinden sich die Stellplätze für Kurzurlauber, großzügige und parzellierte Komfort-Plätze im Innern der Anlage stehen für eine Dauer ab zwei Nächten zur Verfügung. Diese Plätze sind auch mit Strom-, Wasser- und Abwasseranschluss ausgestattet. Waschmaschine, Trockner und beheizte Sanitäranlagen, Brötchenservice und eine Schirmbar mit Biergarten und Bistro ebenfalls vorhanden. Direkt am Platz starten Rad- und Wanderwege.

MINI-ORTE MITTENDRIN!

Rund um Trippstadt und Johanniskreuz

Das Trippstadter Schloss ist ein Barockschloss aus dem 18. Jahrhundert.

10

Keine 3 000 Einwohner zählt die Ortsgemeinde Trippstadt, aber das macht den Charme des beschaulichen Pfälzerwald-Ortes aus. Mit dem Naturschutzgebiet Karlstalschlucht befindet sich ein attraktives Ziel in unmittelbarer Nähe und in die weitere Umgebung lohnen Ausflüge wie zum Beispiel zu schönen Aussichtstürmen.

An das fotogene Barockschloss von Trippstadt schließt sich ein weitläufiger Schlosspark an und um diesen herum gibt's viel Natur und Wanderwege. Die beiden Plätze Camping-Freizeitzentrum Sägmühle und Campingplatz am Gelterswoog liegen reizvoll inmitten der Natur und eignen sich beide gut für eine längere Auszeit.

DER LUFTKURORT

Das milde Reizklima macht aus Trippstadt einen Luftkurort – darauf ist man zu Recht stolz. Die frische Waldluft des Pfälzerwaldes und die Mittelgebirgslage tun ihr Übriges, um einen maximalen Erholungseffekt zu erzeugen. Dazu zählen vor allem zahlreiche Wanderwege in und rund um Trippstadt. Aber auch Angebote für Mountainbiker wie der Bikepark Trippstadt oder der Mountainbikepark Pfälzerwald mit Rundtouren zwischen 50 und 70 Kilometern Länge bieten eine Grundlage für sportliche Aktivitäten. Im Ort selbst ist das **Trippstadter Schloss** die zentrale Attraktion. Es ist ein barockes Schloss aus dem 18. Jahrhundert und als Kulturdenkmal gelistet. Seit 1987 ist es Sitz der Forstlichen Versuchsanstalt des Landes Rheinland-Pfalz. Der frühere **Schlosspark**, dessen Mittelpunkt das Schloss bildet, wurde 1985 von der Gemeinde Trippstadt übernommen und in einen Erholungspark umgewandelt. Ursprünglich war der Schlosspark im Versailler Stil angelegt, heute aber ist es ein englischer Garten. Ein Baumpfad führt durch den alten Baumbestand. Der Schlosspark ist rundum von einer Mauer umgeben, aber jederzeit frei zugänglich.
An der südwestlichen Seite des Schlossparks trifft man über einen schönen Spazierweg entlang der Mauer des Parks auf das sogenannte **»Köpfchen«**. Auf den ersten Blick scheint es sich dabei nur um ein Tor aus Sandstein zu handeln, das mitten auf der Wiese steht. Tritt man jedoch hindurch, trifft man auf den Skulpturenweg Rheinland-Pfalz, der im Rahmen eines Bildhauer-Symposiums entstanden ist. Das eigentliche »Köpfchen« ist dann

ein kleines Waldstück mit Sitzgelegenheit - sehr lauschig, und meist hat man den Ort ganz für sich alleine.
Folgt man dem Hauptpfad weiter in westliche Richtung - sehr schön entlang weitläufiger Felder und Pferdekoppeln - erreicht man zunächst eine kleine Schlucht. Bald geht es rechts hinauf zur **Burg Wilenstein**, einem Highlight Trippstadts. Die Felsenburg stammt aus dem 12. Jahrhundert und wurde nach ihrer Zerstörung Mitte des 14. Jahrhunderts als Doppelburg neu errichtet, jedoch im Dreißigjährigen Krieg erneut zerstört. Die Burg blieb anschließend als Ruine stehen, beiliegende Höfe beziehungsweise Neubauten der Burg werden aber bis heute genutzt.

FÜR SCHLECHTES WETTER ist das **Eisenhüttenmuseum** ein Tipp. Es befindet sich im Gebäude der ehemaligen Schmiede, in dem auch die Tourist Information untergebracht ist. Gezeigt wird anhand von Exponaten und Schautafeln die Blütezeit der Eisengewinnung in Trippstadt in der Mitte des 19. Jahrhunderts.

◀ Unterwegs zur Karlstalschlucht: das Köpfchen ▶ und Burg Wilenstein

Märchenhafter Pavillon in der Karlstalschlucht

Ist das Wetter jedoch wohlgesonnen, ist ein Besuch der wildromantischen **Karlstalschlucht** ein absolutes Muss! Eigentlich nicht nur bei schönem Wetter, sondern immer. Rote Buntsandsteinfelsen, zahlreiche kleine Wasserfälle und ein alter Baumbestand machen diese von der **Moosalb** geschaffene Schlucht zu einem Naturspektakel. Entlang dieses Flüsschens windet sich ein Weg durch die naturbelassene Schlucht, dabei werden Holzbrückchen überquert und immer wieder muss die Bachseite gewechselt werden. Inmitten der Schlucht prangt ein Holzpavillon – nicht nur ein wunderschöner Rast- und Picknickplatz, sondern natürlich auch ein beliebtes Fotomotiv.
Der Einstieg in die Schlucht erfolgt entweder an der Ausschilderung an der L500 oder man folgt von der Burg Wilenstein einfach dem Wanderpfad weiter Richtung Westen, überquert die Landstraße und steigt dann direkt in die Schlucht ein. Deren Durchquerung ist ungefähr einen Kilometer lang.

FÜR DAS LEIBLICHE WOHL sorgt in Trippstadt der **Landgasthof Schwanen**. Untergebracht in einem denkmalgeschützten historischen Gebäude, werden Gäste mit einer abwechslungsreichen Karte und frischen saisonalen Gerichten verwöhnt. Besonders schön sitzt man im ansprechenden Außenbereich mit Apfelbaum und Springbrunnen. Kaiserlauterer Straße 2-4, 67705 Trippstadt, schwan-trippstadt.de.

Das Haus der Nachhaltigkeit versteht sich als Verbraucherzentrale.

MINI-WEILER AUF EINEM BERGSATTEL

Nur eine kurze Wohnmobilfahrt von Trippstadt entfernt erreicht man das **Johanniskreuz** – ein besonders bei Motorradfahrern bekanntes und beliebtes Ausflugsziel. Das Johanniskreuz ist der Knotenpunkt einiger bedeutender und sehr schöner Straßenverbindungen. Vor allem die nach Norden äußerst kurvenreiche Straße lockt nicht nur bei schönem Wetter zahlreiche Motorradfahrer aus nah und fern. Als Wohnmobilfahrer sollte man deshalb sehr vorsichtig auf das Johanniskreuz zusteuern und sich für die teils gewagten Überholmanöver der Biker wappnen.

Der Weiler Johanniskreuz befindet sich sechs Kilometer südöstlich von Trippstadt und 15 Kilometer von Kaiserslautern (siehe Ziel 11) entfernt. Die B48, die L499 und die L500 treffen hier aufeinander – damit liegt Johanniskreuz mitten in der Mitte des Pfälzerwaldes.

Nur ein paar wenige Einwohner zählt der Weiler, der zur Ortsgemeinde Trippstadt gehört. Trotzdem kennt den Namen in der ganzen Pfalz und über die Landesgrenzen hinaus jeder. Auf dem Sattelpunkt befindet sich eine Gastronomie mit großem Außenbereich, die aber an dieser Stelle keine Empfehlung erhält. Schöner und vor allem kostengünstiger kehrt man beim 300 Meter entfernten **Café Nicklis** ein. Dort gibt es unter anderem Torten und Kuchen aus eigener Herstellung und einen heimeligen Biergarten, in dem Biker und Wanderer willkommen sind.

Nur wenige Schritte vom Café entfernt fällt ein Gebäude mit besonderer Architektur auf: Das **Haus der Nachhaltigkeit** will mit seinem in dieser Gegend ungewöhnlichen Äußeren ein wegweisendes Baustoff- und Energiekonzept präsentieren. Ausstellungen, Filme und ein 3D-Land-

10

schaftsmodell im Innenbereich geben eine Orientierung darüber, wie jeder im Alltag nachhaltig leben kann. Während die Dauerausstellung nicht kindgerecht ist, können sich im Außenbereich Kinder jeden Alters an der Bewegungs- und Begegnungsstätte austoben und Erwachsene an Fitnessgeräten ihre Beweglichkeit testen. An Sonn- und Feiertagen ist das Café geöffnet. Im Pfälzer Waldladen können Besucher regionale und ökologisch erzeugte Lebensmittel, kleine Geschenke und ausgewählte Literatur und Spiele erwerben. Veranstaltungen wie die Pflanzenbörse im Frühjahr, der Marmeladenmarkt im Herbst oder die Waldweihnacht im Dezember komplettieren das Angebot.
Die malerische **Kapelle St. Johannes der Täufer** ist eine kleine Waldkapelle, liegt an der L499 kurz nach der Kreuzung mit der L500 und war lange Jahre Austragungsort des Speyerer Diözesan-Katholikentages. Diese Tradition endete im Jahr 2007, seitdem wird die Kapelle kaum noch genutzt – erst 2019 hat sie mit der Waldweihnacht wieder eine Bestimmung gefunden.

Tipp

Der weitab jeder Zivilisation gelegene Weiler Johanniskreuz gilt als einer der dunkelsten Orte im Biosphärengebiet Pfälzerwald und ist zudem mit einem Fahrzeug gut erreichbar – was liegt also näher als eine romantische Sternenbeobachtung in Neumondnächten? Das Haus der Nachhaltigkeit bietet auch die Durchführung von Sternbeobachtungen an.

◀ Shop im Haus der Nachhaltigkeit ▶ Kapelle St. Johannes der Täufer

10

HOCH HINAUS

Wer ein bisschen über die Gemarkung Trippstadts hinaus- und vor allem über den Pfälzerwald hinwegspicken möchte, kann dem 11,5 Kilometer von Trippstadt entfernten **Eschkopfturm** einen Besuch abstatten; er liegt fünf Kilometer südlich von Johanniskreuz. Man erreicht ihn von der B48 aus und zwar an einer Kreuzung, an der es Richtung Norden ins Elmsteiner Tal geht (siehe Ziel 8). Ein Parkplatz mit Schutzhütte markiert die richtige Stelle. Von hier aus geht es etwas mehr als einen halben Kilometer weit zu Fuß durch den Wald bis zum Aussichtsturm, der auf dem namensgebenden, knapp 610 Meter hoch gelegenen Eschkopf inmitten des Pfälzerwaldes steht – auf einem der höchsten Gipfel des mittleren Pfälzerwaldes.
Der markante, achteckige Turm aus Buntsandstein ist etwa 20 Meter hoch und befindet sich in der Frankenweide, wie der mittlere Teil des Pfälzerwaldes genannt wird. Eine Wendeltreppe führt im Inneren des Turms auf eine Aussichtsplattform, von der aus man den Blick herrlich über die unendliche Weite des Pfälzerwaldes schweifen lassen kann.

◀ Hoch hinaus geht es auf den Schindhübelturm … ▲ … und auf den Luitpoldturm. ▼ Ein Schild weist den Weg zum Luitpoldturm.

Aussichtsturm Eschkopfturm auf dem namensgebenden Eschkopf

Zurück am Wohnmobil und an der B48 folgt man der Straße ins Elmsteiner Tal und gelangt nach etwa 2,5 Kilometern zum Startpunkt des Spazierganges zum **Schindhübelturm**. Rechterhand geht es hierzu in den Wald hinein, auf der gegenüberliegenden Straßenseite befindet sich eine kleine Schutzhütte. Nach einem etwa 600 Meter langen Fußmarsch leicht bergauf, erscheint der Turm in frisch gestrichenem Gewand. Er ist umgeben von einladenden Picknickgarnituren, die schön im Schatten liegen und ebenfalls frisch restauriert sind. Dieser Turm ist aus Holz errichtet und hat eine Aussichtsplattform in 14 Metern Höhe, die über die offenen Treppen bestiegen werden kann. Bei guter Sicht kann man die höchsten Pfälzer Berge und sogar die Hornisgrinde, den höchsten Berg im Nordschwarzwald, sehen. Man kann einen Rundweg aus dem Turmbesuch machen und über den breiten Forstweg wieder zurück zum Wohnmobil laufen. Das ist dann eine Gesamtstrecke von 1,5 Kilometern.

Ein dritter Turm im Bunde ist der **Luitpoldturm**, knapp 20 Kilometer südlich von Trippstadt und nahe der Ortschaft Merzalben. Der Luitpoldturm ist ein viereckiger Buntsandsteinturm mit Anbau auf dem 607 Meter hohen Weißenberg, wiederum einem der höchsten Berge des Pfälzerwaldes – demzufolge erhält man von der Aussichtsterrasse aus (die auf 625 Metern liegt) einen grandiosen Rundumblick über die Gegend. Zum Picknicken, Rasten oder bei schlechtem Wetter kann man sich in den Anbau zurückziehen.

AUF EINEN BLICK

Info

STADT/REGION: Trippstadt/Landkreis Kaiserslautern
BESTE REISEZEIT: Mai–September
OPTIMALE REISEDAUER: 2 Tage
TOURISTINFO: Tourist Information Luftkurort Trippstadt, Hauptstraße 26, 67705 Trippstadt, Tel. 06306/3 41, info@trippstadt.de, trippstadt.de

SEHENSWÜRDIGKEITEN

TRIPPSTADTER SCHLOSS: Hauptstraße 16, 67795 Trippstadt, trippstadt.de/entdecken/barockschloss-trippstadt
CAFÉ NICKLIS: Johanniskreuz 3, 67705 Trippstadt, Tel. 06306/24 66
HAUS DER NACHHALTIGKEIT JOHANNISKREUZ: Johanniskreuz 1a, 67705 Trippstadt, Tel. 06306/9 21 01 30, hdn@wald-rlp.de, hdn-pfalz.de

WOHNMOBILSTELLPLATZ AN DER MEHRZWECKHALLE KRICKENBACH

ADRESSE: Hauptstraße 10, 67706 Krickenbach, Tel. 06307/40 13 08

Das Café Nicklis ist sehr empfehlenswert.

Idyllisch am Wasser liegt der Campingplatz Sägmühle.

ANFAHRT: Von Trippstadt über die L500 gen Westen fahren bis zur Kreuzung mit der B270. Auf diese links abbiegen und gleich nächste wieder rechts. Geradeaus in den Ort, dann scharf links in die Straße Dorfwiesen, der Stellplatz folgt rechterhand.
GPS: 49.360833, 7.668889
Von Natur umgebener Stellplatz auf asphaltiertem Untergrund (Parkplatz-Charakter) an einer Mehrzweckhalle. Nachts sehr ruhig. Gebührenfrei. Mit Strom (kostenpflichtig), Frischwasser, Ver- und Entsorgung sowie W-LAN. Zehn Kilometer von Trippstadt entfernt. Gute Gaststätte und Spielplatz direkt am Platz. Ausgewiesene Fahrrad- und Wanderwege in der Nähe.

CAMPING-FREIZEITZENTRUM SÄGMÜHLE

ADRESSE: Sägmühle 1, 67705 Trippstadt, Tel. 06306/9 21 90, info@saegmuehle.de, saegmuehle.de
ANFAHRT: Vom Ortszentrum Trippstadt über die Karlstalstraße auf die L500, dann aber sofort wieder links abbiegen, der Campingplatz befindet sich an der rechten Straßenseite.
GPS: 49.351111, 7.780000
Schöner kann man kaum stehen! Großzügige Stellplätze entweder direkt am eigenen See oder in Terrassenlage, mit oder ohne Schatten im Herzen des Biosphärenreservats Pfälzerwald. Im Natursee kann man baden und angeln. Außerdem Restaurant, Biergarten, Shop, Friseur, mehrere Spielplätze, Tennisplätze, Boulebahnen und Riesenschach. Von hier aus sind sowohl Trippstadt als auch die Karlstalschlucht mit jeweils einem schönen Spaziergang erreichbar. Alle Stellplätze haben Stromanschluss.

VIEL NATUR RUND UM DIE METROPOLE

Kaiserslautern hat ein vielseitiges Umfeld

Nur einen Steinwurf von Kaiserslautern entfernt: Mehlinger Heide

11

Da haben wir zum einen die Universitätsstadt Kaiserslautern mit zahlreichen Sehenswürdigkeiten, zum anderen Natur, Natur und noch mal Natur drumherum. Hervorzuheben sind der Donnersberg, höchster Berg der Pfalz, die Mehlinger Heide und der See Gelterswoog. Genug zu tun, auch bei einem längeren Aufenthalt.

Mit dem Campingplatz am Gelterswoog gibt es sogar einen Platz mitten in der Natur und trotzdem in kurzer Fahrdistanz nach Kaiserslautern. Wer stadtnah stehen möchte, kann dies auf dem einzigen Stellplatz in Kaiserslautern tun - zwar mit Parkplatz-Charakter, aber dennoch ruhig und gut ausgestattet. Von beiden Übernachtungsmöglichkeiten aus sind alle beschriebenen Ziele gut erreichbar.

SIGHTSEEING IN DER »GROSSSTADT«

Aus den kleinen Weindörfern und den überschaubaren Kreisstädten der Pfalz ragt **Kaiserslautern** mit 100 000 Einwohnern wirklich heraus. Heißt aber nicht, dass es hier nicht auch hübsche Ecken, schöne Grünanlagen und beeindruckende Bauwerke gibt. Und nicht zu vergessen: Die Stadt liegt immerhin inmitten des Naturparks Pfälzerwald.

Beginnen wir mit dem Wahrzeichen der Stadt, dem **Kaiserbrunnen**. Er ist mächtig und kaum zu übersehen - mit zwölf Metern Durchmesser und fünf Metern Höhe ziert er den Platz Mainzer Tor. Hier treffen sich die Leute auf einen Plausch, Touristen stehen staunend davor, Kinder spielen, und Architekturbegeisterte bewundern den künstlerisch humorvoll umgesetzten Streifzug durch die Geschichte und die Gegenwart der Stadt. Kaiser Friedrich Barbarossa und König Rudolf von Habsburg sind die Hauptfiguren in diesem Arrangement; beide gelten als wegweisende Persönlichkeiten für Kaiserslautern.

Es ist kurzweilig, sich auf die Suche nach weiteren dargestellten Besonderheiten wie dem Fabelwesen »Elwedritsche«, einem Opel-Motor oder dem Napoleonhut zu machen. Mit Hilfe einer Infotafel kann man die Figuren zuordnen und die Geschichte dahinter lesen.

Weniger humorvoll, sondern im Gegenteil sehr ernst ist die nächste Sehenswürdigkeit. Das Mahnmal **23er Denkmal** erinnert an die gefallenen Soldaten des Ersten Weltkriegs. Es wurde 1930/31 errichtet. Das Gebäude direkt daneben ist die **Fruchthalle**, ein architektonisch wunderschöner Bau im Stil der Frührenaissance und nach dem Vorbild florentinischer Palastkultur erbaut. Der Festsaal des Gebäudes dient heute als Konzert- und Veranstaltungsort. In unmittelbarer Nähe zum Denkmal befindet sich die Tourist Information.

Nur wenige Schritte von der Fruchthalle entfernt erreicht man mit dem **St. Martins-Platz** einen der schönsten Plätze der Stadt. Umgeben von schmucken Häusern aus dem 18. und 19. Jahrhundert, die nicht den Zerstörungen des Zweiten Weltkriegs zum Opfer gefallen sind, bildet der Brunnen mit dem alten Baumbestand den Mittelpunkt des Platzes. Straßencafés haben ihre Außenbestuhlung am Platz – hier lässt es sich herrlich entspannen nach der Stadterkundung. Am Platz liegt auch die katholische **St. Martinskirche** aus dem frühen 14. Jahrhundert. Die mittelalterliche Bettelordenskirche wurde ursprünglich als Konventskirche der Franziskaner erbaut, Ende des 18. Jahrhunderts allerdings von den Franzosen aufgelöst. Den Eingang bewacht heute der Heilige Nepomuk, das ist der Brückenheilige.

Bleiben wir bei sakralen Gebäuden: Ein bisschen mächtiger als die St. Martinskirche ist die **Stiftskirche** schon – als bedeutendste spätgotische Hallenkirche Südwestdeutschlands darf sie das aber auch sein. Sie entstand auf der Grundlage mehrerer Vorgängerbauten und geht unter anderem auf Barbarossa zurück, der hier Mitte des 12. Jahrhunderts zunächst eine dreischiffige Basilika errichten ließ. Es folgte der Bau einer gotischen Hallenkirche und die Umwandlung in ein weltliches Stift, das bis heute im Namen erhalten geblieben ist. Die Stiftskirche ist jetzt eine protestantische Pfarrkirche. Siebenmal täglich ertönt eine Minute nach der halben beziehungsweise der vollen Stunde ein Glockenspiel.

Tipp

Kaiserslautern kann man gut auf eigene Faust erkunden – es hat aber auch seinen Reiz, dies im Rahmen einer Führung zu tun, denn dabei sind mitunter Sehenswürdigkeiten zugänglich, die man ausschließlich im Rahmen von Besichtigungs-Touren anschauen kann. Thematisch gibt es so ziemlich alles, vom Stadtrundgang über eine geschichtliche Gastro-Tour bis hin zu einem Gang durch Kaiserslautern auf Barbarossas Spuren. Ansprechpartner ist die Tourist Information.

◀ Aus Zeiten Barbarossas stammt die Stiftskirche. ▲ Der Kaiserbrunnen ist das Wahrzeichen der Stadt. ▼ 23er Denkmal mit Fruchthalle

Ist uns einmal das Wetter nicht wohlgesonnen, bietet sich der Besuch eines Museums an. Das **Theodor-Zink-Museum** zeigt eine historische Ausstellung. Es ist das Stadtmuseum Kaiserslauterns, untergebracht in einem schönen alten Gebäude mit Innenhof. In einer Dauerausstellung widmet sich das Museum der Stadt-, Kultur- und Alltagsgeschichte anhand von Exponaten, die von der Siedlungsgeschichte bis in die Gegenwart reichen. Ergänzt wird das Angebot durch Wechselausstellungen, bei denen der Schwerpunkt meist auf aktueller Kunst liegt.

Ein reines Kunstmuseum ist die **Pfalzgalerie**. Das schon von außen höchst sehenswerte Gebäude im Neorenaissance-Stil beherbergt eine Gemälde- und Skulpturensammlung. In der Dauerausstellung werden kunsthistorisch bedeutende Exponate gezeigt (Malerei, Plastik, Kunsthandwerk mit Möbeln, Glas, Porzellan und Goldschmiedearbeiten). Unter den Gemälden befinden sich Meisterwerke des deutschen Impressionismus.

Fußballfans werden sich sicherlich an der Aufbereitung der Geschichte des Fußballs in Kaiserslautern im **FCK Museum** erfreuen; hier wird der Werdegang des 1. FC Kaiserslautern dokumentiert. Das Museum befindet sich im Fritz-Walter-Stadion.

Kleinod inmitten der Stadt: Japanischer Garten

Tipp

Wer wie ein Profi durch den Spielertunnel laufen will oder einmal von einer Trainerbank aus das Spielfeld betrachten möchte, kann an einer Stadionführung teilnehmen. Informationen zu den Führungen findet man unter fck-gastronomie.de, buchen kann man die Tour unter stadionfuehrung@fck.de.

Und ebenfalls für schlechtes Wetter geeignet ist das **monte mare**, ein Freizeitbad mit Sauna und Wellnessparadies. Vor allem die Saunalandschaft mit dem schönen Außenbereich ist eine Attraktion. Aber auch das Sportbecken mit Sprungturm oder das Wellenbecken sind nicht nur für ambitionierte Schwimmer einen Besuch wert.

ES WIRD GRÜN

Für Pfälzer Verhältnisse ist Kaiserslautern eine »Großstadt«. Umso erstaunlicher ist die Zahl an Grünanlagen, Gärten und Parks im Stadtbereich. Insbesondere die **Gartenschau** lockt seit dem Jahr 2000 von April bis Oktober viele Besucher an. Dann steht das Gelände der ehemaligen Spinnerei und des Schlachthofs in voller Blüte, Veranstaltungen, Kultur-, Sport- und Freizeitangebote bilden das Rahmenprogramm. Jährlich kommen neue Angebote hinzu, so zum Beispiel kann man die größte Dinosaurier-Ausstellung Europas als eins der Highlights bewundern. Außerdem gibt es

ein Indoor-Angebot, bestehend aus beispielsweise Hallenblumenschauen oder einer LEGO-Ausstellung. Auf dem Gelände sind Hunde nicht erlaubt. Wie die Gartenschau befindet sich auch der **Japanische Garten** mittendrin in Kaiserslautern. Er ist eine fernöstliche Oase, die dazu einlädt, den Stress hinter sich und die Seele baumeln zu lassen. Besucher bewundern die exotischen Pflanzen, lassen sich das authentische japanische Essen am Imbiss schmecken und genießen die Ruhe. Es gibt einen Teich, einen Wasserfall und Rundwege. Der Japanische Garten wurde als Teil der benachbarten Gartenschau angelegt und ist auch nur wenige Schritte von dieser entfernt. Gäste des Japanischen Gartens können das Wohnmobil auf dem Parkplatz der Gartenschau abstellen.
Am südöstlichen Stadtrand von Kaiserslautern ist der **Volkspark** eine weitere Grünanlage. Der weitläufige Park mit einem Schwanenweiher im Mittelpunkt ist wie der Japanische Garten ebenfalls ein Ort zum Abschalten. Kleine Spaziergänge sind möglich, die Kinder können sich an einem schönen Spielplatz austoben und Groß und Klein nutzen die große Wiese für Ballspiele. Im Sommer finden sonntags Frühschoppenkonzerte statt. Der Park wurde ursprünglich als Ausstellungsgelände genutzt.

Erholung vom Sightseeing im Volkspark

Der Gelterswoog ist ein Stausee mit Strandbad.

Südlich an den Volkspark schließt sich der **Wildpark Betzenberg** an. Es handelt sich dabei um ein Wildgehege mit sechs großen Einzelgehegen, die so geschaffen sind, dass Tiere in ihrer natürlichen Umgebung leben können. Besonders hervorzuheben ist das Wisent, eine vom Aussterben bedrohte Tierart, die hier ebenfalls beheimatet ist. Mit etwas Glück kann man auch einen Luchs zwischen den Bäumen entdecken. Der 25 Hektar große Wildpark ist täglich das ganze Jahr über frei zugänglich.
Noch mehr Tiere gibt es im **Zoo Kaiserslautern** im Südwesten der Stadt. Artgerecht hält dieser Park über 600 Tiere aus mehr als 100 Tierarten. Es finden Fachführungen statt, außerdem runden eine Falknerei mit Flugvorführungen, ein Spielplatz, ein Naturerlebnispfad und die Zoo-Gaststätte das Angebot ab. Hunde sind erlaubt.

RAUS IN DIE NATUR!

Keine zehn Kilometer von der Innenstadt Kaiserslauterns entfernt ist mit dem **Gelterswoog** ein besonderes Kleinod erreicht. Das ist ein Stausee, dessen drei Taleinschnitte Naturschutzgebiete sind. Der Stausee-Bereich ist insbesondere im Sommer ein attraktives Badeziel. Am Nordufer befindet sich ein **Strandbad** mit einem 300 Meter langen Sandstrand und einem Bootsverleih. Der flache Seezugang und der abgetrennte Nichtschwimmerbereich machen den Badesee auch für Familien mit Kindern attraktiv. Das Angebot, bestehend aus einer großen Liegewiese mit viel Schatten, mit Fußball- und Volleyballfeld, Tischtennisplatten, Tischfußball,

Boulebahnen und Spielplatz, lädt zu einem entspannten Urlaubstag ein. Unmittelbar neben dem Strandbad kann man außerdem Minigolf spielen oder die Angebote des angrenzenden Segelvereins oder Tauchclubs nutzen. An einem Kiosk mit Biergarten gibt es die passende Stärkung. Dem Strandbad gegenüber liegt der beschriebene Campingplatz Gelterswoog mit eigenem Strandbereich (siehe Auf einen Blick).

RUND UM DEN IDYLLISCHEN Stausee Gelterswoog lässt sich ein schöner, entschleunigender Spaziergang von 2,8 Kilometern Länge unternehmen. Damit umrundet man den See einmal auf nahezu ebenen Wegen. Noch schöner ist es, die Runde um eine Wanderung ins Walkmühltal zu verlängern. Dann geht es mit Startpunkt Strandbad oder Campingplatz (der direkt auf dem Weg liegt) Richtung Nordwesten zunächst durch den friedvollen Pfälzerwald. Es folgt das Trockental im Naturschutzgebiet Walkmühltal. Mehrere Weiher schmiegen sich idyllisch ins Tal. Es ist nicht viel los auf dieser Wanderung, man kann die Stille und Schönheit der Natur in vollen Zügen genießen. Zurück geht es auf der jeweils anderen Talseite. Die komplette Wanderung ist 8,7 Kilometer lang, hat kaum Höhenmeter (nur 80) und ist leicht zu begehen.

Wanderung durchs Naturschutzgebiet Walkmühltal

11

Ein weiteres Natur-Highlight befindet sich ebenfalls knapp zehn Kilometer von Kaiserslautern entfernt bei der Ortschaft Mehlingen – es ist die **Mehlinger Heide**, das größte deutsche Heidegebiet außerhalb Norddeutschlands. Das 410 Hektar große Naturschutzgebiet kann über zwei gekennzeichnete Hauptwege erwandert werden. Abseits dieser Wege soll die Heide nicht betreten werden, was dem Naturschutz Rechnung trägt. Auf Teilen der Mehlinger Heide wurde im Ersten Weltkrieg ein Truppenübungsplatz angelegt. Auch die Wehrmacht und später die in Kaiserslautern stationierten Besatzungsstreitkräfte nutzten das Gebiet militärisch. Deshalb finden sich heute noch Relikte, die sich erstaunlicherweise ganz fotogen in die Kulisse einfügen – beispielsweise halb verborgene Bunker oder alte Schienensysteme, die mehr geheimnisvoll als militärisch wirken … Einen wunderbaren Überblick über die Heidelandschaft, die übrigens während ihrer Blüte im Juli, August und September eine besondere Augenweide ist, erhält man von dem schicken, achteckigen **Aussichtspavillon** aus Holz auf der »Höhe 325«.

Von Juli bis September steht die Mehlinger Heide in voller Blüte.

◀ Aussichtspavillon auf der »Höhe 325« ▶ Alte Schienensysteme

DEN HOLZPAVILLON erreicht man auch über eine sehr empfehlenswerte Rundwanderung durch die **Mehlinger Heide**, die im hübschen Örtchen Ottersberg (siehe unten) startet, auf den ersten Kilometern über den markierten Hinkelsteinweg verläuft und dann ausgeschildert in die Heide abbiegt. Dann geht es über rötlichen Sandboden durch die Heide, die Wegemarkierung ist eine Eule. Wir stoßen auf Relikte der militärischen Nutzung des Gebiets und gelangen schließlich zu dem Pavillon mit Aussichtsplattform, von dem aus wir einen 360-Grad-Blick genießen können. Anschließend verlassen wir die Heide am Schild »Ausgang zum Gewerbegebiet«. Ein Abstecher führt uns zu einem alten jüdischen Friedhof, dann stoßen wir wieder auf den Hinkelsteinweg und marschieren diesem folgend zurück nach Ottersberg. Insgesamt ist die Wanderung 15 Kilometer lang, beinhaltet 200 Höhenmeter und dauert etwa vier Stunden.

Auch ohne die große Rundwanderung ist ein Spaziergang durch die Mehlinger Heide ein sehr entspanntes Erlebnis. Das Gebiet ist nicht nur zur Blütezeit etwas ganz Besonderes, denn die kleinen Tümpel, Gebüsche und Wälder, die Beschaulichkeit des Gebietes und die Möglichkeit, die Seele baumeln zu lassen, machen das Ziel ganzjährig attraktiv. Wer übrigens »nur« durch die Heide wandern möchte, folgt 3,5 Kilometer lang dem Eulensymbol. Unterwegs gibt es auch die Möglichkeit, auf den **Heide-Erlebnispfad** abzubiegen. Dieser ist 1,5 Kilometer lang und informiert an zwölf Stationen über die Tier- und Pflanzenwelt des Heidegebietes.

◀ Die Stele »Eiserner Mann« ▶ Ludwigsturm auf dem Donnersberg

Tipp

Zur Zeit der Heideblüte, also von Juli bis September, werden in der Mehlinger Heide unter anderem geführte Wanderungen und Kutschfahrten angeboten. Die Art der Aktivität sowie aktuelle Termine werden auf der Webseite mehlinger-heide.de veröffentlicht.

Für ausdauernde Wanderer gibt es eine ganz großartige Wanderempfehlung, die 16 Kilometer nördlich von Kaiserslautern im Ort Olsbrücken startet. Das ist die **Teufelstour**, die dem Teufelslogo vom Betzenberg folgt – roter Teufel auf weißem Untergrund, das Maskottchen des 1. FC Kaiserslautern. Der Weg beschert uns mehrere herausragende Panoramablicke, führt uns zum Teufelsstein, einem römischen Steinbruch und über verschlungene Pfade auf eine Hochebene mit Blick bis zum Donnersberg, dem höchsten Berg der Pfalz. So viele Erlebnisse fordern in der Länge der Tour ihren Tribut: 18,8 Kilometer sind zu wandern und dabei 420 Höhenmeter zu überwinden. Jedoch alles in allem höchst lohnend! Eine Abkürzungsmöglichkeit besteht auf der letzten Etappe der Strecke: Zwischen Sulzbachtal, der Ortschaft südlich vom Startpunkt, und Olsbrücken gibt es eine Zugverbindung, die die Tour um 2,2 Kilometer verkürzt.

11

OHNE DIE GANZE WANDERUNG zu absolvieren (aber trotzdem einen der tollen 360-Grad-Blicke zu erhaschen), kann man im **Panorama-Gasthof Stemler** in Eulenbis einkehren. Eine kleine, feine Speisekarte mit Fleisch aus eigener Haltung und Schlachtung und hausgemachten Beilagen verwöhnt die Gäste. fewo-stemler.de, Emmerwiesenhof, 67685 Eulenbis, Tel. 06374/40 30.

Und wer schon mal in Eulenbis ist, kann dem am Ortsrand gelegenen **Eulenkopfturm** (auch Eulenkopfwarte genannt) noch einen Besuch abstatten. Der 1913/14 errichtete, achteckige Aussichtsturm auf dem Eulenkopf umfasst vier Etagen mit einem Standesamt im Erdgeschoss und drei darüberliegenden Aussichtsplattformen mit offenen Fenstern. Der Turm befindet sich auf der Gemarkung der Gemeinde Erzenhausen.

Getreu dem Motto »Das Beste kommt zum Schluss« liegt als Abschluss unserer Kaiserslautern-Tour noch der **Donnersberg** vor uns. Das ist nicht irgendein Berg – er ist mit einer Höhe von 687 Metern die höchste Erhebung der Pfalz. Außenherum liegt das **Donnersberger Land** mit seinen sanften Hügeln, weiten Tälern, urtümlichen Wäldern und zahlreichen Weinbergen. Auf diesen Teil der Pfalz in seiner ganzen Pracht blickt man am besten von den Aussichtspunkten des Donnersberges aus herab. Insbesondere die beiden Ausblicke vom Ludwigsturm und vom Königstuhl eignen sich hierfür hervorragend, sind aber beide mit einem Fußmarsch verbunden. Der Aussichtspunkt **Königsstuhl** befindet sich am Westrand des Donnersberg-Plateaus. Mit Königsstuhl ist ein zerklüfteter und begehbarer Felsklotz gemeint, dessen Form mit etwas Fantasie als Thron durchgehen könnte. Ausgangspunkt für einen knapp einen Kilometer langen Marsch sind die beiden Wanderparkplätze bei der Gaststätte Donnersberger Waldhaus. Der zweite aussichtsreiche Punkt auf dem Donnersberg ist der **Ludwigsturm**, ein 27 Meter hoher Aussichtsturm, dessen Aussichtsplattform über 142 Stufen zu erklimmen ist. Der achteckige Steinturm ist als Naturdenkmal ausgewiesen. Der Blick reicht weit über den Pfälzerwald und bei klarer Sicht sogar bis zum Schwarzwald und zu den Vogesen. Am Fuße des Turms befindet sich ein Kiosk, an dem man sich mit einer Weinschorle, Fleischgerichten und Kuchen eindecken oder auch regionale Produkte wie

Honig und Wurstwaren zum Mitnehmen kaufen kann. Im Sommer gibt es außerdem Eis, im Winter Glühwein. Der Turm kann samstags, sonn- und feiertags für einen Euro bestiegen werden. Um zum Turm zu gelangen, steuert man mit dem Wohnmobil Dannenfels an und folgt dann der Beschilderung »Donnersberg« bis zum Parkplatz auf dem Berg. In wenigen Minuten erreicht man von hier aus den Turm zu Fuß.

Schließlich ist, von allen schönen Aussichten abgesehen, etwas ganze Besonderes auf dem Donnersberg zu finden: Spuren der **Kelten**. Denn was heute ein idyllisches Ausflugsziel ist, war vor über 2 000 Jahren ein Ort des geschäftigen Alltags. Markttage, Handwerk und Handel prägten das Leben von etwa 1 000 Menschen, die auf dem Donnersberg lebten. Erst vor wenigen Jahrzehnten wurden die Überreste der Stadt ausgegraben. Heute noch ist das gesamte Haupt-Plateau des Donnersberges von einer gut erkennbaren Ringwallanlage umgeben, innerhalb der sich die keltische »Großstadt« befand. Teile der früheren Stadtmauer wurden rekonstruiert und sind jetzt als Keltenmauer sichtbar. Außerdem gibt es auf den hohen Höhen des Berges verschiedene Ausgrabungsstätten und einen Skulpturenweg. Man kann bequem alle keltischen Relikte auf dem **Keltenweg** erkunden, der am Parkplatz auf dem Donnersberg startet und 4,7 Kilometer lang ist. Er führt entlang der ehemaligen Befestigungsanlage zu den Ausgrabungsstätten und den Denkmälern.

Die Anfahrt zum Donnersberg ist wunderschön.

Skulptur »Eber« auf dem Keltischen Skulpturenweg

Daneben gibt es auch den **Keltischen Skulpturenweg**, der 8,2 Kilometer lang ist, im Jahr 2014 fertiggestellt wurde und an 13 Skulpturen vorbeiführt – unter anderem an der »Pferdefrau«, dem »Eber« oder dem »Waldgott«.

WER GERNE DAS RUNDUMPAKET auf dem **Donnersberg** »buchen« möchte, also Aussichten, Felsen, keltische Relikte und den Ludwigsturm, dem sei ein Rundweg ans Herz gelegt, der am Wanderparkplatz beim Hotel Bastenhaus in Dannenfels am Fuß des Donnerberges startet, 19,2 Kilometer lang ist und als spezielle Herausforderung 500 Höhenmeter zu bieten hat. Da neben dem Kiosk am Ludwigsturm auch zwei bewirtschaftete Hütten am Weg liegen, kann man unterwegs mehrfach neu zu Kräften kommen. Die Wegnummern 4,6 und 78 weisen den Weg. Schon bald folgen mit der Keltenhütte die erste Einkehrmöglichkeit und um sie herum die ersten keltischen Relikte. An einer Kreuzung stoßen wir auf den Skulpturenweg und den Abstecher zum Hirtenfels, einem wunderbaren Aussichtspunkt mit Rastplatz. Kurz darauf ist der Ludwigsturm erreicht und an einer Kreuzung namens Grohes Rondell folgt ein Abstecher in eine Sackgasse, an dessen Ende der Beutelfelsen wartet. Der vulkanische Granitbrocken bietet einen unglaublichen Panoramablick! Berühmt ist der »Eiserne Mann«, der den Felsen bewacht. Zurück auf dem Hauptweg können wir bei der Kronenbuchhütte Halt machen und uns die Spezialität des Hauses, geräucherte Forellen, schmecken lassen. Anschließend läuft die große Runde geruhsam über einen Weg am Wald entlang aus, bevor wir wieder den Wanderparkplatz erreichen.

◀ Historische Altstadt von Otterberg ▶ Im Inneren der Abteikirche

Nach so viel Naturgewalt rund um Kaiserslautern steht uns am Ende noch der Sinn nach einem so richtig schnuckeligen Ort. Dieser ist schnell gefunden mit **Otterberg**, knapp zehn Kilometer nördlich von Kaiserslautern. Es ist der Startpunkt der oben beschriebenen Wanderung durch die Mehlinger Heide. Herzstück der etwas mehr als 5 000 Einwohner zählenden Gemeinde ist die **Abteikirche** Otterberg, eine ehemalige Klosterkirche, deren Gründung auf das Jahr 1145 datiert. Sie ist nach dem Speyerer Dom (siehe Ziel 7) die größte Kirche der Pfalz und wird heute als Simultankirche von evangelischen und katholischen Christen genutzt. Die einstige Kirche des Zisterzienser-Ordens sticht mit ihren 80 Metern Außenlänge inmitten der **historischen Altstadt** von Otterberg mit den zahlreichen Fachwerkbauten heraus.
In der Altstadt befinden sich unter anderem die **Theis'sche Schmiede**, die 1612 erbaut wurde und noch voll funktionsfähig ist (Führungen jeden ersten Samstag im Monat) und das **Alte Stadthaus** im Barockstil, in dem das Heimatmuseum untergebracht ist. Fundstücke aus der Kloster- und Wallonenzeit werden gezeigt, berühmte Persönlichkeiten des Ortes vorgestellt und die Geschichte der Stadt beleuchtet. Im Turm hängt die Glocke aus dem Jahr 1742, die früher geläutet wurde, wenn es irgendwo gebrannt hat. Im Gebäude ist auch die Tourist Information untergebracht.

Tipp

Wer im Frühjahr in der Gegend ist, sollte unbedingt beim Otterberger Frühlingsfest vorbeischauen, das immer in den ungeraden Jahren stattfindet und bei dem mächtig was geboten ist: Vom Weckruf über den historischen und farbenfrohen Festumzug bis hin zur Wahl einer Frühlingskönigin. Das Fest findet seit Mitte des 18. Jahrhunderts rund um die Abteikirche statt. Termin ist meist Anfang Juni, genaueres erfährt man bei der Tourist Information.

AUF EINEN BLICK

Info

STADT/REGION: Kaiserslautern/Landkreis Kaiserslautern
BESTE REISEZEIT: April–Oktober
OPTIMALE REISEDAUER: 3 Tage
TOURISTINFO: Tourist Information Kaiserslautern, Fruchthallstraße 14, 67655 Kaiserslautern, Tel. 0631/3 65 27 23, touristinformation@kaiserslautern.de, kaiserslautern.de
Tourist Information Otterberg, Hauptstraße 54, 67697 Otterberg, Tel. 06301/60 78 00, otterberg.de

SEHENSWÜRDIGKEITEN

THEODOR-ZINK-MUSEUM: Steinstraße 48, 67657 Kaiserslautern, Tel. 0631/365 2327, info@stadtmuseum-kl.de, stadtmuseum-kl.de
PFALZGALERIE: Museumsplatz 1, 67657 Kaiserslautern, Tel. 0631/3 64 72 01, info@mpk.bv-pfalz.de, mpk.de
FCK MUSEUM: Fritz-Walter-Straße 1, 67663 Kaiserslautern, Tel. 0631/31 88 19 00, museum@fck.de, fck.de/museum
MONTE MARE KAISERSLAUTERN: Mailänder Straße 6, 67657 Kaiserslautern, Tel. 0631/3 03 80, monte-mare.de/kaiserslautern
GARTENSCHAU KAISERSLAUTERN: Gartenschau, Lauterstraße 51, 67659 Kaiserslautern, info@gartenschau-kl.de, gartenschau-kl.de
JAPANISCHER GARTEN: Am Abendsberg 1, 67657 Kaiserslautern, Tel. 0631/3 70 66 00, info@japanischergarten.de, japanischergarten.de

◀ Japanischer Garten in Kaiserslautern ▶ Natur-Kleinod Walkmühltal

AUF EINEN BLICK

WILDPARK BETZENBERG: 67663 Kaiserslautern, info@wildpark-kaiserslautern.de, wildpark-kaiserslautern.de
ZOO KAISERSLAUTERN: Zum Tierpark 10, 67661 Kaiserslautern, Tel. 06301/7 16 90, info@zoo-kl.de, zoo-kaiserslautern.com
STRANDBAD GELTERSWOOG: an der B270 (Stadtteil Hohenecken), 67661 Kaiserslautern
EULENKOPFTURM: 67685 Erzenhausen
ABTEIKIRCHE OTTERBERG: Kirchstraße 3, 67697 Otterberg
ALTES STADTHAUS OTTERBERG: Hauptstraße 54, 67697 Otterberg, Tel. 06301/60 78 00

WOHNMOBILSTELLPLATZ DAENNERPLATZ

ADRESSE: Mannheimer Straße 208, 67657 Kaiserslautern, Tel. 0631/4 22 25 (Reservierungen beim Gasthaus Licht Luft)
ANFAHRT: Über die A6 oder die B37 nach Kaiserslautern fahren, dort dann an der Ausschilderung Hauptfriedhof und Volkspark orientieren, der Stellplatz liegt dazwischen.
GPS: 49.442778, 7.802500

Gaststätte des Campingplatzes Gelterswoog, ...

… der mitten in der Natur liegt.

Elf geräumige Stellplätze für Wohnmobile in lockerer Anordnung auf separatem Bereich eines Großparkplatzes, die Innenstadt von Kaiserslautern ist etwa 2,5 Kilometer entfernt. ÖPNV-Anschluss direkt am Stellplatz, Fahrt mit Stadtbussen im Übernachtungspreis inklusive. Trotz Stadtnähe ruhige Lage. Frischwasser, Strom, Entsorgung und Chemie-WC vorhanden (Coins bei den vier Kilometer entfernten Stadtwerken in der Stiftwaldstraße 4). Mehrere Sehenswürdigkeiten der Stadt ganz in der Nähe. Es ist die einzige Übernachtungsmöglichkeit im Wohnmobil im ganzen Stadtgebiet.

CAMPINGPLATZ GELTERSWOOG

ADRESSE: Gelterswoog 2, 67661 Kaiserslautern,
Tel. 0631/6313 10 70 07, camping-gelterswoog@t-online.de,
camping-kaiserslautern.de

ANFAHRT: Von Kaiserslautern über die B270 in südliche Richtung fahren, nach der Zufahrt zum Strandbad die nächste rechts abbiegen, gleich wieder rechts, der Zugang zum Platz folgt rechterhand.

GPS: 49.394167, 7.689444

Kleiner, überschaubarer und etwas in die Jahre gekommener Campingplatz, jedoch herrlich mitten in der Natur und am Ufer des Gelterswoog gelegen mit privatem Strandzugang (Zugang durch ein Tor, 10 € Pfand für den Schlüssel, beinhaltet auch den Schlüssel für das Zugangstor des Platzes). Platz für fünf Reisemobile mit Stromanschluss in der vordersten Reihe und durch einen Fußweg vom Ufer getrennt. Schattige Lage im Wald, bestens geeignet für heiße Sommertage. Eigene Badestelle für Hunde. Mit kleiner Gastronomie und Biergarten. Strandbad am gegenüberliegenden See-Ufer. Die Innenstadt von Kaiserslautern ist nur neun Kilometer entfernt, Busverbindung vorhanden.

ORTS- UND SACHREGISTER

CAMPING- UND STELLPLÄTZE

IMPRESSUM

Verantwortlich: Kerstin Thiele
Lektorat: Susi Reiser
Layout- und Umschlaggestaltung: Helene Schumacher
Satz: Silke Schüler
Repro: LUDWIG:media
Kartografie: Huber Kartografie
Herstellung: Anna Katavic

Printed in Slovenia by Florjancic

Unser komplettes Programm finden Sie unter www.bruckmann.de

★★★★★

Sind Sie mit diesem Titel zufrieden? Dann würden wir uns über Ihre Weiterempfehlung freuen. Erzählen Sie es im Freundeskreis, berichten Sie Ihrem Buchhändler, oder bewerten Sie bei Onlinekauf. Und wenn Sie Kritik, Korrekturen, Aktualisierungen haben, freuen wir uns über Ihre Nachricht an Bruckmann Verlag, Postfach 40 02 09, D-80702 München oder per E-Mail an lektorat@verlagshaus.de.

Alle Angaben dieses Werkes wurden von der Autorin sorgfältig recherchiert und auf den neuesten Stand gebracht sowie vom Verlag geprüft. Für die Richtigkeit der Angaben kann jedoch keine Haftung übernommen werden, weshalb die Nutzung auf eigene Gefahr erfolgt. Insbesondere bei GPS-Daten können Abweichungen nicht ausgeschlossen werden. Sollte dieses Werk Links auf Webseiten Dritter enthalten, so machen wir uns die Inhalte nicht zu eigen und übernehmen für die Inhalte keine Haftung.

In diesem Buch wird aus Gründen der besseren Lesbarkeit das generische Maskulinum verwendet. Weibliche und anderweitige Geschlechteridentitäten werden dabei ausdrücklich mitgemeint, soweit es für die Aussage erforderlich ist.

Bildnachweis: Alle Bilder im Innenteil und auf den Umschlagseiten stammen von der Autorin, außer: S. 15, S. 33 re. und S. 45 li.: Jörg Steber; S. 22 unten re.: Zoo Landau; S. 87: Stadtverwaltung Bad Dürkheim; S. 93 li.: Bernd Neugebauer; S. 95: SEA LIFE; Illustrationen: Shutterstock/Tiwat K: passim

Umschlagvorderseite: Weinberge bei Frankweiler

Die Deutsche Nationalbibliothek verzeichnet diese Publikation in der Deutschen Nationalbibliografie; detaillierte bibliografische Daten sind im Internet über http://dnb.d-nb.de abrufbar.

© 2021 Bruckmann Verlag GmbH, Infanteriestraße 11a, 80797 München

ISBN 978-3-7343-2045-3

SIMPLISSIME

Andalusien

DER PRAKTISCHSTE REISEFÜHRER DER WELT

EINFACH LOS!

BRUCKMANN

WAS IST DAS BESONDERE AN DIESEM REISEFÜHRER?

– Es ist ein Reiseführer für alle Reisenden und alle Arten von Reisen: mit der Familie oder mit Freunden, für jedes Budget, mit dem Auto oder mit öffentlichen Verkehrsmitteln.
– Sie finden sämtliche Informationen, die Sie brauchen, um Ihren Urlaub gut vorzubereiten.
– Es ist ein Buch, das sich auf das Wesentliche einer Reise konzentriert, damit Sie nichts von dem verpassen, was man unbedingt gesehen haben muss.
– Das Buch hat eine Autorin, die ihre Lieblingsadressen nennt: Restaurants mit lokalen Spezialitäten, Bars und Cafés für entspannte Pausen, die lohnendsten Sehenswürdigkeiten und vieles andere mehr.

Dieses Buch besteht aus vier Teilen:

• **Praktische Infos** über das Reiseziel: Klima, Gesundheitsversorgung, Lebenshaltungskosten, Transport, Unterkunft und mehr – alle praktischen Dinge, die Sie zur Vorbereitung Ihres Urlaubs und für eine entspannte Zeit vor Ort benötigen.
• Die **Themen der Region**: Dieser Abschnitt hilft Ihnen bei der Planung Ihrer Reise. Suchen Sie sich hier Ihre persönlichen Highlights aus.
• **Die Tour zu den Top-Sights in Andalusien** (Sevilla, Córdoba und Granada) wird ausführlich mit **Zwischenstopps** beschrieben. Sie erhalten Tipps für Besichtigungen und Aktivitäten, gute Adressen und **detaillierte Routen**, um von einem Zwischenstopp zum anderen zu gelangen. Karten und Stadtpläne unterstützen Sie dabei. Manchmal schlagen wir auch vor, einen Abstecher in Form eines **Tagesausflugs** zu machen. Andalusien lädt auch zum Verweilen ein, und es werden **zwei Reisetipps ans Meer** (Costa del Sol und Costa Tropical) mit Tagesausflügen vorgeschlagen, die zu den Stränden und weiteren Städten Andalusiens führen.

• Ein sehr praktisches Register, das viele nützliche Informationen und Öffnungszeiten für einzelne Sehenswürdigkeiten auflistet.

Womit anfangen?

Wählen Sie die Region Andalusiens, die Sie besuchen möchten: **Tour 1** (Top-Sights in Andalusien, S. 40; mit möglichen Routenvariationen) oder den **Reisetipp am Meer 1** (Marbella und die Costa del Sol, S. 152) oder den **Reisetipp am Meer 2** (Almería und die Costa Tropical, S. 166).

Vor der Abreise

Buchen Sie Ihren Flug (S. 10) und Ihre Unterkunft (S. 13) entsprechend den vorgeschlagenen Zwischenstopps. Die Flüge und Entfernungen sind ab Frankfurt angegeben, die Einreiseformalitäten gelten für deutsche Staatsangehörige.

Öffnungszeiten

Sind Sehenswürdigkeiten an bestimmten Tagen geschlossen, vermerken wir dies. Weitere Informationen finden Sie im Register oder auf der entsprechenden Internetseite.

Reservierungen

Für manche Sehenswürdigkeiten müssen Sie Tickets im Voraus buchen. Darauf weisen wir immer hin.

Sind Sie bereit? Dann lesen Sie weiter und genießen Sie Ihre Reise!

INHALT

PRAKTISCHE INFOS

DIE THEMEN DER REGION

TOUR

TOUR 1